大夏书系·教育常识

倾听着的教育

李政涛 著

华东师范大学出版社

目录

序：教育从倾听开始 / 001

第一辑　倾听的教育意蕴

教育的过程是教育者与受教育者相互倾听与应答的过程。当这一过程被阻断或者处于混乱无序状态的时候，师生之间的交往和沟通就将陷入困境，教育的危机也会随之出现。对此，教育者应负主要责任。

倾听着的教育 / 003

终身教育，终生倾听 / 015

作为"核心素养"的倾听 / 018

教师倾听中的爱与怕 / 021

倾听之难与教育之难 / 024

什么是"认真倾听" / 027

第二辑　名师的倾听之道

至少在倾听的意义上，每个人都可以成为自己的孔子。我们不妨通过倾听孔子的倾听之道，带着"倾听自信"，进入属于自己当下的真实具体的课堂，像孔子那样倾听学生、回应学生和引导学生。

跟着孔子学倾听 / 033

孔子的倾听之道与教育之道 / 038

苏格拉底的"产婆式倾听" / 044

苏霍姆林斯基的眼神 / 049

苏霍姆林斯基如何培养学生的倾听能力 / 054

苏霍姆林斯基眼中的音乐与倾听 / 058

陶行知的"邀请式倾听" / 063

第三辑 教师的倾听能力

只有让学生通过教师无微不至的倾听，感受到教师与他同在共在，我们的教师才更能够感染学生、打动学生、改变学生和发展学生，才能充分展现出教育的伟力。

教师的倾听力与教育力 / 071

积极式倾听与消极式倾听 / 075

封闭式倾听与开放式倾听 / 079

独白式倾听与对话式倾听 / 082

预设式倾听与生成式倾听 / 087

教师的现场倾听力 / 095

如何炼成教师的倾听能力 / 101

倾听与教师的思维品质 / 104

第四辑 学生倾听能力的培养

倾听是一种多感官交织融通的行为，它不只是"听"，也包括了"看"，更涉及到了"想"和"思"。尤其是后者，它表明：倾听拥有思维的内涵，具有"思维的含量"。认真倾听的过程，也是思维运作的过程，更是思维能力提升的过程。

不要干扰学生的倾听 / 111

激发学生倾听兴趣的六大法宝 / 115

教给学生倾听的方法 / 125

让倾听成为伴随一生的习惯 / 131

对学生进行倾听训练 / 136

在审辩式倾听中提升学生思维能力 / 143

以教育戏剧的方式培养倾听能力 / 155

目 录

第五辑 大时代的倾听之维

  技术的创新及使用,为今天教育生活中的倾听,为人的倾听能力的培养与发展,铺设了新的路标,打开了一条道路。在倾听的意义上,新的技术,就是新的倾听道路,新的倾听路标……

技术时代的倾听之路 / 167

图像时代,倾听何为 / 173

慕课时代,如何倾听 / 182

参考文献 / 199

后记:倾听之后,必有回响 / 203

序：教育从倾听开始

如果用一句话概括写作本书的宗旨，无非是：以教育的方式，思考、言说与实践"倾听"。

多年以前，我写过一篇《倾听着的教育》，这可能是我已发表文章中引用率最高的。现在想来，这些文字之所以被许多人关注，触动了众人的心弦，或许在于它引发了"共生体验"。倾听是教育生活的一部分，也是日常生活的一部分，是我们每个人生活的一部分。谁不在倾听和被倾听，谁不对倾听有所回应，谁就不在"生活"，甚至，谁就没有真实地"活着"。

多年以后，当我经历了生命的重重迷雾和万千坎坷，当我亲历了更多细致入微的教育现场、教育事件和教育现象，忽然发现，我对教育的言说，依然无法绕过"倾听"，仍旧需要再次回到这一原点，重新出发。

倾听，是教育的原点，也是教育思想的原点。

我对倾听的敏感和注重，来自于自身的生命体验。在我的少年时代，因为学习成绩好，做了学生干部，自然受到老师和同学的"宠爱"，与其他同龄孩子相比，我说出的话，表达的看法，更容易为老师所重视。很明显，一旦我站起来发言，老师的表情是专注和关切的，同学的眼神则是羡慕或嫉妒的……这些都给予我更多主动表达、主动展现自我的勇气，当然，也有了"自我感觉良好"和"神气活现"的资本。这种状态一直持续到研究生阶段便急转直下。在上海，在华东师大这样的高校里，精英荟萃、高手云集，身边的人，几乎个个都是"人精"，我昔日的优势荡然无存。特别是自己的生理特征，那种异常瘦弱、文弱甚至给人衰弱感的书生长相，加上相对温和宽容或者不够"霸道"的习性，很难被人正眼相待，尤其容易被官员们、各种"长们"甚至同辈们轻视。即使已经人到中年，只要置于一个陌生的场合，总是容易被忽略、被遗忘。即使在熟人社会中，也常常遭遇选择性遗忘……强烈的前后反差，越来越多的寂寞、无奈、苦涩的累积，促使我转而反省自己的教育经历：在我的教育生涯中，是否也有一些学生因为我的不愿倾听或缺乏倾听，失去了前行和向上的动力，从而陷入被湮没的自生自灭的境地？这样的反省时常让我额头冒汗，内心激荡不已……

在当下，所谓教育中的"关键事件"、"生命成长中的重要他人"等，往往都与倾听相关。我能够师从叶澜先生，就与她对我的倾听有关。在那段孤独艰难的研究生岁月里，她是少有的能够通过倾听表达对我的关注和关爱的老师。叶老师有一个记录习惯：在任何一个场合，只要有人发言，她总会记个不停。我很少见到当别人发言的时候，她在旁边看短信、回短信和刷微信的情形，她始终以一种专注的姿态对待每个人的言说，这是一种倾听的姿态，不是表演和作秀，而是来自于内心的自发和自觉。我在她的"教育原理"课上的第一次发言，就享受到了久违的"被倾听"的待遇，她的每一个眼神、动作和姿态，都向我传递了一个清晰明确的信息：她在倾听我的发言，她在捕捉我所传达的信息。通过这种方式，她表达了对我的尊重，让我有了尊严感，尽管我在一群"人精"当中，如此不起眼，如此落寞不堪……也正因为如此，她引发了我对"教授"的尊重和敬意，使我形成了对身为教师、作为学者的评价标准：不仅看他有多少显赫的头衔和身份，也不只是看他有多大的学问和能力，还会从一个至关重要的细节去观察——他是否能够不加选择地耐心倾听他人的话语和吁求，是否能够对学生，以及其他比自己地位低的人平等相待，有尊重之意和尊重之行，是否会对不相识不熟悉的学生或地位比自己低微的同事的信函、短信、邮件进行回复，而不是只对上级，对能够为自己带来资源、利益的人有"快速反应"且"呵护备至"……如果一位所谓的"名师"，不能引发我发自内心的尊重，常常是因为他缺乏对别人的倾听，其根源在于"傲慢"，来自于资历、荣誉和地位的傲慢，由此导致对他人的轻慢、拒听和不能倾听，这可能就是人生的常态。

  我如此言说，并不代表自己是一个很会倾听的人，我所经历的各种非议和挫折，往往来自于自己的"闭目塞听"，来自于不会倾听，不能倾听，以及时常出现的各种"漏听"、"误听"等。

源于我自身的"教育倾听失败"和对他人不能倾听的"在意"，"倾听"成为我思考教育的起点。其依据在于，"倾听"是生命成长与发展的本体性要求：人人都有倾听和被倾听的需要。

我们的教育能不能尊重并着力去发现"倾听需要"，呵护、满足和提升"倾听需要"，我们的教师是否有倾听的敏感、意识，具有什么样的"倾听能力"和"倾听习惯"，是教育能否成功的起始所在和关键所在。

第一辑 倾听的教育意蕴

倾听着的教育

教育的过程是教育者与受教育者相互倾听与应答的过程。当这一过程被阻断或者处于混乱无序状态的时候，师生之间的交往和沟通就将陷入困境，教育的危机也会随之出现。对此，教育者应负主要责任。作为教育者的教师既承担着培养和发展学生倾听能力的责任，也负有发展并运用自身倾听能力的责任。对于后者，可以认为，倾听受教育者的叙说是教师的道德责任。然而，在日常教育中教师的"失聪"现象并非罕见，这一现象造成的诸多不良后果，迫使我们将"倾听"对象化，探询失聪的根源，审视并追问倾听在教育中的价值和意义。

1. 教育失聪的表现和根源

当学生的叙说或言说，被教师拒绝倾听，或有意无意地遗漏的时候，失聪就出现了。它可以分成不同的类型。

从程度的角度看，有全然失聪和部分失聪。前者几乎对学生的所有叙说充耳不闻，这种教师在剥夺了学生被倾听的权利的同时，也放弃了自己的倾听权利和义务，并且丧失了倾听能力。后者只是有意无意地选择接受学生的部分言说，同时将其他言说抛掷于黑暗之中。

就时间的维度而言，有暂时失聪和长久失聪之分。暂时失聪是任何一个教师身上都会存在的现象，人的耳朵不可能总是张开，它偶尔也会"沉睡"或"休眠"。长久失聪则是一种异常现象，它表明教师长期将学生的言说拒之耳外，这实际上构成了教师的一种"教学习惯"。

从数量的视角来说，又可分为个体失聪和集体失聪。前者是指一位教师对学生的失聪，属于教师失聪的个体行为。当面对着同一个或同一群学生的言说，与其有关联的教师都不约而同失聪的时候，这就是集体失聪，即失聪的集体行为。

除此之外，教师失聪还有如下表现形式：

不健全的倾听。这是一种"病态的倾听"。教师只倾听那些能满足其自我需要（如维护自己的形象和尊严，产生自我成就感）的声音，对那些可能对自我构成威胁的声音却加以排斥和压制。还有，教师有意无意地诱导、强迫学生发出能使他愉悦的声音，这些并非从学生心中自然产生的声音，充满了欺骗和谎言，它们既扭曲了师生的心理，也扭曲了教育本身。

虚假的倾听。所谓"虚假"，是指一种虚假的姿态，即教师摆出一副倾听的姿态，打开了一只耳朵，接纳学生的声音，但却让它从另一只耳朵悄然流出，未能让这声音在自己的内心之湖激起任何涟漪，没能使教师的言行和态度发生任何与这倾听有关的改变。最糟糕的倾听是这样的：教师连一只耳朵也未打开，他只是坐在那里，让学生言说，却并不作任何接纳和回应。这说明，在他做出倾听的姿态之前，已经关闭了耳朵，并将这耳朵转向自身。与其说他在倾听他人，不如说是在倾听自我。

错听。对于学生声音的内涵、方向和潜在意义，教师未能准确把握。他要么将"不是"听成了"所是"，要么未能听出这些声音中的象征意义。用语言学家索绪尔的术语来说，教师只听出了"所指"，但未能听出"能指"，他只满足于把那些能激起情感和思维泡沫的声音概念化，错过了泡沫掩盖下的真实的东西。导致教师失聪的原因很多，其根源体现在形而上学、技术、制度和能力等方面。教师失聪的形而上学根源是笛卡尔的分裂的二元论：人被分成主体／客体、自我／大众、物质／精神、个人／大众等，其核心是主客体的二元论。它在教育中造成诸多恶果。其一，是使学生被对象化、表象化和客观化，这意味着受教育者被置于教育者的对立面，成为"我与它"的关系，这种人为的对立阻碍了双方的沟通。其二，造成了教师的"自恋癖"。这种自恋癖以自我逻辑和权力意志的相互缠结为基础，体现在教师身上的首要特征是自我中心和自我扩张，学生的一切言说都必须围绕教师的"自我"，他们的声音被强行纳入教师的"听力场"内，接受这个场域运行规则的过滤和改造。教师表现了一种强烈的权力意志，试图全面规范、控制和支配学生的教育存在，使自己的声音变成杜威所说的从外部强加的教育目的和教育命令，这里也同时验证了福柯所揭示的知识／权力的关系。于是，将自我逻辑和权力融为一体的教师，会认为对学生任何降卑式的倾听，都有可能是对其自恋癖和权力意志的威胁与挑战，因此他关闭了自己的耳朵，转而以"独白"的方式与学生交往。其三，对象化、客观化与自恋癖、权力意志的相互作用，导引出了工具理性。教师以操纵性的工具化的方式来与学生联系，将他们视为教育者达到教育目的的手段而非目的本身。既然学生只是工具，那么工具的使用者就不会愿意也不会有耐心去倾听"工具"的呼求。对于使用者而言，他的任务是使用工具而不是倾听它。这基于一个似乎无可置疑的假设：工具有自己的声音吗？

所有这一切将导致教育者对受教育者存在的遗忘。

海德格尔指出人类有两种存在模式，即"现存存在"和"现在存在"。前者是一种纯粹的现存，只向自身敞开，后者则是根据我们对于在日常世界中包围着我们的事物的经验，以及一般联系而形成的存在模式，这是一种当我们试图联系或理解事物之时，它向我们显示自身，为我们而存在，而不是为其自身而存在的方式。在海德格尔看来，这是一种工具化的方式。当教师以这种方式理解和联系学生的时候，就意味着学生只是为教师而存在，教育因而变成了受教育者向教育者显示其存在的过程，而不是显示作为一个"人"存在的过程。教师通过教育塑造的只是他心目中学生的形象，而不是人的形象。这一塑造的规则和结果也被归属于教育者的自我逻辑体系里。

当教师关注的只是自我的存在和声音，关注的只是现成的存在的时候，作为"生命"的被教育者的纯粹存在就被遗忘，导致教育过程中"生命的缺席"，即当教育进行时，知识在场、工具在场，唯独生命不在场，学生的声音因而被拒斥、遗忘和漏听了。教师对回荡在他四周的生命之维充耳不闻。

存在被遗忘的另一个直接原因，是教育者思想中的过分普遍化倾向。教师将学生客观化为普遍性对象，忽略了教育对象的特殊性，即对普遍性的爱好压抑了对特殊性的关注，导致对特殊性的遗忘，进而产生对存在的遗忘。生命的存在之维总是特殊性的，当我们试图倾听某一人时，实际上是把他作为一个特殊且具体的生命个体来倾听，倾听是对特殊性的一种承认和接纳，如同一个人不可能抽象地爱人类一样，倾听也不可能是对作为普遍性的人的倾听。

人类的倾听始终是借助一定的技术手段，现代工业文明为此提供了丰富的技术资源。但海德格尔却认为，我们仍未在听，相反，我们的听觉却通过由技术控制的工具（如收音机）而趋于衰弱。实际上，柏拉图早就意识到，当人类发明出一种技术以扩大我们的知觉能力时，我们天生的能力反而会因此萎缩和改变。这些或多或少带有极端性的观点提醒我们，对技术的过分依赖和沉迷会损害听的能力，会让听本身迷失。技术手段永远只是手段，而不是目的，一旦手段被当成目的，听就被遮蔽了。在教育技术日益发达的今日，在被新技术打造而成的慕课、微课等日趋铺天盖地的今天，我们也许该不断地追问一句：我们真的在听吗？

教师失聪的制度性根源，是指一定的社会文化制度、教育制度包括学校教学管理制度制约和妨碍了教师的倾听。教师失聪的能力性根源表明，教师不是不愿和不想倾听，而是不能倾听，在他的天赋里，缺少倾听他人的能力和技术，他患有倾听无能症。

2. 倾听的教育价值

人们往往把倾听能力的问题归结为神经生理学、生物化学和物理学的问题，而且，亚里士多德在《形而上学》中主张：在诸感觉中，我们尤重视觉，因为视觉是知识的首要源泉，并且能揭示出事物之间的许多差异。于是，"看"拥有了超乎"听"的特权，形成了"视觉中心主义"。然而，听觉的价值和意义远比人们想象的要大。对于教育者而言，倾听的价值和意义体现在：

一是本体论价值。

"我们的听力实际上是一种本体论的器官"，它面向人的生命的存在，是揭示、回忆和思考存在的可能性的重要手段，在列文看来，倾听的任务是领悟被听者，"倾听是一种本体论的领悟"。通过倾听，教师领悟了学生首先是一个生命的存在，不是物质或观念的存在，相应地施之以对应于生命而不是对应于物（如机器）的教学方法。同样重要的还在于，当教师通过倾听领悟了学生生命存在的内涵和特性之时，他也领悟了自己的存在，这就是倾听的相互性和辩证法："当我倾听自己，听我的话、我的语声时，我也能倾听他人，我在我之内倾听他人。反过来，当我倾听他人时，我也能倾听自己，我在我的世界的他人之中，并通过他们倾听自己。我们彼此共鸣应和。"更进一步，倾听就是追忆，追忆自我和他人的存在。有领悟力的教师在倾听学生的时候，也会追忆自己的教育存在和受教育经验，这样的追忆有助于移情的产生和共鸣的出现。

二是道德价值。

倾听是教师的道德要求和道德责任。听觉是大自然赋予的礼物，但这一礼物在赋予我们的同时，也提出了要求——道德要求。教师能否倾听学生和应答不只是能力和意愿的问题，而且是道德品质的问题。这种倾听的道德要求也相应地向教师提出了道德责任：教师对所有的学生都有责任倾听和应答，有责任用全部的感官潜能去倾听、理解和呼应学生从生命深处发出的所有声音。

倾听发展了教育者的道德判断和道德行为能力。列文创造性地在科尔伯格的道德发展阶段和人类倾听能力的发展之间建立了逻辑性的关联。他证明了"听"如何提升并发展了人的基本道德行为能力。这一论证同样适用于作为理性人和成年人的教师，当他履行了自己听的道德职责，也就相应地发展了自己的道德判断和道德行为能力。

倾听为教师的道德转化提供了可能性。当教师从不会倾听到学会倾听，当学生真实的生命状态在教师的倾听中得以裸露和呈现的时候，教师的注意力可能被集中于同情与关怀，他可能会反省并领悟自己的教育过失和不足，原先自大、冷酷无情的一面将由此向友善和仁爱转化。这表明，倾听唤醒了教师的良心和道德感。这样，我们可以发现，倾听既具有道德实践的功能，也具有道德价值的功能，它构成了师德中一个特殊而又重要的组成部分。

三是交往价值。

教师的倾听所赋予教师的道德品质是在交往和对话中的品质。任何道德生活的基础，都是在交往实践中朝向共同理解的目标。如果教师拒绝倾听，使自己的教育变成独白，他实际上是人为地与学生隔离开来，拒绝与其交往和对话。这种拒绝也是对"转换"的拒绝，因为倾听就是一种转换，就是站在他人的位置上了解对方和自己，就是变换位置、角色和体验，拒绝这个转换，就是拒绝与他人交往。无论如何，真实具体的"听"，始终是通过人与人之间的相互交往来实现的。

倾听是在交往中展开的，这是问题的一个方面，另一个也是更重要的方面，是倾听促进了教师和学生间的交往。它为教师提供了一套以听觉为中心的新的交往模式，改变了以视觉为中心的狭隘的交往结构，并创造出一套丰富生动的交往技艺。

此外，倾听带来的体验将转化为交往体验，这一体验是文字（通过看）所难以传递的，它有效地去除了在交往中将学生概念化和抽象化的倾向。

四是治疗价值。

教师失聪的结果远比人们想象的更可怕。罗杰斯通过研究证明，对于某些精神病人来说，多年不被听到，或者不被真正听到的连续经验，是他们患病的根源。作为心理治疗师，一个重要任务就是为这些病人提供"被倾听"的机会。

实践表明，教师拒绝或不会倾听会造成学生的心理疾病，教师的主动倾听和及时应答则能有效缓解与防治这些疾病。此时，教师就是治疗者，他的药物就是倾听和应答，教师医术的高明程度取决于他的倾听态度、倾听技术和倾听能力。

3. 教育者：倾听谁、倾听什么和如何倾听

教育者倾听的根本目的是倾听生命和呼应生命。但生命并非抽象的生命，而是具体的生命，是"具体的个人"。

教育者（包括家长）所面对的孩子，常常是感性丰沛，但理性还不够成熟的孩子，他们往往难以用理智、清晰的语言表达自己的想法和需求，而是通过情绪和情感来展示自身。

有人以家庭教育为例，从倾听孩子情绪与情感的角度，对家长提出了"倾听要求"：

生活中孩子也有不正常的时候——闷闷不乐、大哭大闹、发脾气、不讲道理等，他们每一个"非正常"的表现背后，都有一个正常的理由——他们是在宣泄精神或身体上的创伤所引起的负面情绪，是在呼唤成年人的关注以帮助他们更好地宣泄。所以，当孩子有"不正常"的表现时，父母应当通过倾听，给孩子以最好的关注。

（1）倾听哭泣的孩子：孩子放声大哭总不是无缘无故的，父母要理解孩子对哭的需要。听到孩子哭时，父母应当停下手边的事情去倾听他，轻轻地搂住他，看着孩子的眼睛，和蔼地请孩子把他的烦恼告诉你。随着孩子的哭声，他的情绪会慢慢放松，他在宣泄委屈和悲伤的过程中，能敏锐地感受到你的反应，你温柔的触摸、轻抚他的面颊、把他搂在怀里轻摇都会把你的关怀直接送入他的心田，他会对你说出自己最糟的感觉，委屈就会渐渐消失。

（2）倾听恐惧的孩子：当孩子遇到不能理解的事情或受到冷落时，他就容易感到恐惧。当孩子受到惊吓时，父母要动作轻柔地拥抱他，并表现出确信一切都好的样子，温和地鼓励他。告诉他你就在他的身边，并随时准备帮助他战胜曾经吓倒过他的某件事物，让孩子知道现在他是安全的。孩子在排除恐惧时需要父母作为他的可靠的支持，父母守在身旁并给他以很好的倾听，孩子常常能够从感到恐惧转为感到轻松，并更亲近你。孩子在正视并处理了恐惧感后，外在世界在他眼里仿佛变了样，你会看到他以一种新的领悟去静静地观察、倾听和接触事物，比以前更勇敢更坚强。

（3）倾听愤怒的孩子：愤怒的孩子看起来气势汹汹，其实他的内心是惊恐不安和悲伤的，是需要帮助的。父母面对愤怒的孩子，要尽可能保持心平气和，给他机会把内心的怒气发出来，听他说些什么，看他是否有道理，再看看我们能做些什么。千万不要无端地进行说教、斥责或批评，你应该全神贯注地听他宣泄，给他以温暖与亲情，爱抚他关注他，允许他大发雷霆。发怒的孩子得到倾听并讨得了"公道"，情绪会随着归于平静，重新感受到你对他的爱。

认真听完孩子的话，不仅是在对孩子进行平等做人、平等对待别人、平等对待自己的教育，也是走进孩子心灵的有效手段。倾听孩子，既不意味着你认可他的情绪，也不意味着你纵容他。父母通过倾听孩子，可以让孩子逐渐增长应付重要挑战的能力，学会控制并处理自己的情绪，形成健全的人格和健康的心理，成功地接受人生的挑战。

对教师而言，对"具体的学生"的倾听，综合体现在倾听学生的各种欲望、需求、情感、思想上，体现在倾听个体生命的差异和区别上。

倾听学生的欲望和需求。学生在教育生活中的欲望和需求往往不是通过他们的行为，而是通过他们的声音表达出来。它可能是一段叙说、一个句子或者一个简单的感叹词，以及一声呼喊和连绵不断的啜泣。对这些声音所表达的欲望和需求的倾听、理解与应答，成为教师倾听的重要任务。

倾听学生的情感。对学生情感动向和状态细致入微的把握，及时加以协调和引导，是成功教育者的重要标志。一个善于倾听的教师，能迅速准确地从学生发出的各种声音中听出愤懑、悲哀、快乐和喜悦等各种情感，同时在教学上作出适当及时的反应和调整。

倾听学生的思想。一个具有倾听意识和习惯的教师不会满足于仅仅倾听学生的欲望和情感，他还善于倾听声音背后的某种思想和观念的萌芽，并尽量认可它们的价值和意义。当学生发现自己那些隐藏不露、羞于见人的思想被教师倾听并认可时，他们就与教师建立了更深一步的交往关系——思想上的交往。于是，他们对自己充满了自信，真正意识到自己作为一个"人"，而不是作为一个"学生"的尊严和价值。

倾听学生的疾病。当孩子不断发出暴躁混乱的声音，或者陷入长久的静默无声之时，倾听者（教师）的耳朵将变成听诊器和探测仪，通过倾听去寻找孩子存于肉体和精神上的种种疾病，捕捉到他们的自大、攻击性、抑郁、孤独、痛苦和恐惧。这样的倾听就变成了一种诊断和治疗。

倾听学生间的差异和区别。倾听始终是面向具体和特殊的生命个体的倾听。当各种声音汇集在教师耳边的时候,教师的任务是听出这些声音的差异,听出它们所反映的不同个性和人格。这是一种本体论的差异——是存在者与存在者之间、生命与生命之间的差异。这样的倾听是面向具体的倾听,因为他在不同的声调中听出了"具体的人"。

倾听学生与他人之间的关系。作为正在社会化的人,学生的每一个声音,都不单纯是纯粹自我的声音,不是自我对自我的反映和表达。他的声音总是处在与其他声音相互缠绕的关系之中。与其说学生的声音是自我的反映,不如说是对他人与自我关系的反映。因此,教师的倾听对象既是"具体的人",也是这个"具体的人"与另一个或另一些"具体的人"之间的关系。

为了更好地说明上述观点,试举一例。当一个学生向教师诉说"老师,他们又打我了"之时,教师可以从中听出些什么呢?

他的欲望和需求:需要教师的帮助和保护。

他的情感:焦虑、愤怒、不满和失望。(上次他们就打我了,老师为什么不管呢?)

他的思想:打人不好,打人者应受惩罚。(最简单的公平正义的思想)

他的疾病:孤独、恐惧,是肉体和精神上的弱者。

他的个性:懦弱、温和、不合群、依赖心强。

他与他人的关系:紧张、对立。班级内出现了非正式群体,产生了学生与学生之间的不和谐。

对于许多教师而言,不是不能听,而是不愿听。要学会倾听,可从采纳倾听所必备的态度入手,它们包括:

接纳和平等。一旦教师转向学生开始倾听,就意味着一种迎接和承纳:不是把学生作为学生来接纳,而是把学生作为一个鲜活的生命来接纳。这种接纳也表明了一种真诚的平等和尊重，这是生命与生命之间的平等，是一个生命对另一个生命的尊重。

专注和警觉。当苏格拉底、苏霍姆林斯基等教师面对学生的时候，他们全神贯注的神情，使他们具有非同一般的人格魅力，那是真正的教育者的魅力。这种专注是将一个生命的所有能量聚焦在另一个生命上，结果是迸出生命的火花。在专注中包含着警觉，对来自于学生的每一种声音的方向、特点和隐藏的变化趋势保持敏感。这样的倾听是面向瞬间性的倾听，他希望抓住生命发展中那些不可重复的瞬间。缺少了专注和警觉，那些瞬间就会永逝。而教育的机会和个体发展的机会往往蕴藏在无数个随时可能会永不再来的瞬间里。

鉴赏和学习。既然倾听意味着教师对学生生命价值和意义的承纳，这种价值对于教师而言，就不是全然无关的。一个真正的倾听者，始终会以鉴赏的态度，欣赏每一个被倾听者声音的独特性。这必然也是一种学习的态度，是教师向学生的学习，是成人向儿童的学习。在儿童那里，保留着人的许多可贵品质，保留着人类智慧的原初状态，它们往往被成年人遗弃了。所以，在倾听中，向学生学习是教师投入倾听时必要的态度。这一学习将会使教师返回自身，充实自身。

执着和冷静。有意义和有收获的倾听，都是在执着和冷静中获得的。学生从内心深处发出的声音的无限复杂性和烦扰性，是对教师听觉品质的考验。一个执着冷静的倾听者不会为暂时性的失聪和各种听觉挫折所惧，也不为学生声音的无序和混乱所扰，他会在深沉的静默中，坚持不懈地进入学生心灵深处去倾听他们的呼喊和吁求。

参与和体验。教师应在参与中倾听。他的倾听不是对学生声音的被动的听，而是主动的听，这种主动性在倾听与精神生命的发展之间建立起实质性的联系。这意味着作为倾听者不仅是旁观者，而且是行动者、创造者。他将通过倾听去参与学生的成长、参与创造学生的声音。不过，这种参与的目的不是主宰学生的声音，不是从外部施行的控制和干预，更不是对学生发展的替代，而是一种引导和促动，目的是帮助学生从已有的单调、混乱和僵化的声音变为复调、有序和充满活力的声音，这种参与因此具有了创造性。

参与是在体验中进行的。一方面，教师的倾听注重真实的感受性；另一方面，教师对学生的倾听也构成了教师自身的教育体验，它有助于教育经验的增长和丰富。如此得来的经验是难以从教育理论书籍中学到的。更重要的还在于，教师在对学生的体验进行倾听的同时，也唤醒了自己的教育体验，使教师能够从自身的体验出发，而不是从某种观念和理论出发，去倾听学生的声音——它们同样是来自于学生在教育存在中的体验。这是以一种体验去倾听另一种体验的倾听，其中的参与是内在的而不是外在的，它深入到人的本性之中，将学生的存在体验为生命的存在，其结果如同列文所说的：承认并认识到了他们的不可征服不可占有；将他们视作并听作完全的本质上的他者；承认他们的无法克服也不必克服的本体论差异。

这样的倾听，是真正的倾听，它有效地改变了教师的倾听方式，使他们从外在的听到内在的听，从抽象的听到具体的听，从观念的听到体验的听。

作为一个真正的倾听者的教师，必定是这样的：他怀着深深的谦虚和忍耐，以一颗充满柔情的爱心，张开他的耳朵，满怀信心和期待地迎接那些稚嫩的生命之音。

这样的倾听由于植根于生命的大地，根深蒂固，顺风摇摆，时常静默沉寂，但又潜藏着创造的活力，它的全部目的无非在于：为了在空中绽放花朵，凝结果实。

终身教育，终生倾听

在我的人际交往世界里，最怕的是两类人，一是年龄比我大很多的人；二是地位比我高很多的人，尤其是官员。他们常常让我"望而生畏"。前者是因为他们身上的岁月积淀，及其背后的经验与资历积累带来的"沉重感"，后者则是因为各种身份、头衔、权力带来的"压迫感"……不善于与这两类人打交道，常常被视为我的"交往无力症"或"交往缺失症"的主要症候，也因此构成了我的"书生气"的一部分。

阅读《里尔克：一个诗人》，这本杰出的传记让我惊讶地发现，里尔克，这位我最喜欢的诗人之一，不仅有写诗的本领，还有钻"贵族圈"的本事，他几乎一生都在各种名门望族中穿梭游走，这让我自叹不如，也对这位我一向心仪的"孤独诗人"有了全新的认识和了解。

我需要有所改变吗？在与自我的对话与倾听中，一个声音逐渐清晰：主动与他们交往，不一定是为了某种外在利益的索取和获得，而是拓展自己的交往视野，打开更大的思想与生活的疆界，在与他们的交往中汲取和转化更多的生命能量。我不是在反复提醒自己，不要画地为牢，不要自我封闭、自我固化、自我板结吗？

这样的自我期许和自我调整，并不是轻而易举的，时常会触碰到坚硬的现实。

曾遇到一位老者，在某一领域里长年耕耘，成果丰硕，特别是培育了大批弟子，遍及基础教育学科界，因而德高望重，备受尊崇。我有幸与其同桌吃饭、同台亮相，并且很快为他的气场所震慑。凡是他出场的地方，一定会有大批"粉丝"围观与合影，并且对他的每一个观点均"频频点头"或者"飞快记录"，激动与欣喜之情溢于言表……这种常态无须多言，我观察的重心则是这位老先生对年轻人的态度，发现他几乎只对赞同之言、赞美之声和恭维之语有所反应或呼应，除此之外，就是"静默中的庄严"和"不屑中的漠然"了。

若以倾听之眼观之，就是不倾听与自己的经验和视野不合的观念，始终以教育者、指导者、批判者的角色和身份，去教育他人、指导他人和批判他人。这是年龄带来的结果，更是身份和地位养成的习惯。

我十分尊重这位老先生的学术造诣，并且心向往之，但与他的隔膜与疏离感也油然而生。我的老毛病又犯了，开始在内心悄悄撤退，驻足远望，踌躇不前……

由此我恍然了自己的标准：对于老者、长者和高者，是否有发自内心的尊重，不仅在于其年龄、地位，也不仅在于他的职业成就，还在于他在高龄和高位之际，是否还有主动倾听后辈的意识、能力和习惯，是否还能容纳与自己长年累月形成的根深蒂固的视角和眼光不同的声音。

这或许也是衡量一个人是否具有终身教育和终身学习能力的重要标尺。这里的终身教育不是面向他人的教育，而是面向自我的教育。阻碍人的自我终身教育的障碍，常常在于自我堵塞、自我关闭了倾听的通道。

西方古代有一位武士，能征善战，屡立战功，国王赏赐他一副盔甲，是金子打造的，武士十分喜欢，常常穿着这副金灿灿的盔甲四处炫耀，从早到晚都穿着，甚至晚上睡觉都舍不得摘下……几年以后，儿子不答应了，忍不住提了一个要求："爸爸，你总是穿着盔甲，我都有好长时间没有看到你的真容了，能不能把盔甲卸下来，让我看一看啊？"爱子心切的武士毫不犹豫地答应了，但却发现这副盔甲怎么卸都卸不下来了，赶紧去找铁匠、金匠，他们也无能为力。此后的漫长岁月里，武士遍寻高人，终于得一法师指点，让他经历三个城堡：沉默之堡、知识之堡和勇气之堡。

沉默之堡，象征着：要静下来聆听自己，在安定中聆听内心的智慧。知识之堡，意味着：学会放下过去，突破既定的框框，去经历，但要放下已有的经验。勇气之堡，代表着：唤醒真正的力量，突破生命中的各种恐惧。经历三大城堡之后的武士，盔甲终于卸了下来……

包括我在内，人人都可能成为穿戴盔甲的武士，经验是盔甲，资历是盔甲，职称是盔甲，身份是盔甲，荣誉是盔甲，地位是盔甲，财富是盔甲，甚至年龄也是盔甲，年龄慢慢会风化为硬壳，一层层地包裹日渐衰迈的身躯，进而成为束缚生命的盔甲，阻碍自身朝向新的世界……

这种种盔甲不仅会遮盖真身、真容，更会封闭我们的耳朵，将一个更广大的世界与我们隔离开来，进而使人误以为盔甲包裹的世界，就是全部世界。

在我看来，卸下盔甲的钥匙，就是倾听，三个城堡的实质都是倾听之堡：在沉默之堡中，倾听自我的声音，寻找最真实的声音；在知识之堡中，倾听与己不同的声音，包括非议的声音，质疑的声音，甚至斥责的声音，让他者的声音丰富和充实自己的声音；在勇气之堡中，直面自己的生命，倾听生命中的忧虑与恐惧之声，包括年长者常有的被后辈超越和忽略的恐惧，位高权重者、荣誉等身者常见的对权力旁落、名誉丧失，以致被冷落、被排斥、被打入冷宫的恐惧……用倾听，发现它们，捕捉它们，进而压倒和催伏它们……

这样以倾听为底蕴和根基的生命，就是能够不断除却盔甲的生命，因而就是在终生自我教育中持续蜕变和发展的生命。

归根到底，终身教育，就是终生倾听。

作为"核心素养"的倾听

有关"核心素养"的"喧嚣",由来已久,近年更有升温之势。透过纷纭之众说,暂时抛离整体系统且面面俱到式的解构分析,若静观"核心素养"的实质,其内核在于底线与高标的融通。对于"底线"而言,"核心素养"当属人之为人的"基本素养"或"基础素养",无此素养,人的品质、尊严,人对动物性的超越,就无从谈起。从这个角度而言,无论是"做人",还是"成人","核心素养"都是无法绕开的根基性素养,无此根基,人的形象也会模糊不清。但"核心素养"不能止于"基本"和"基础",不然,直接称为"基础性素养"即可。之所以将"核心"作为"素养"的界定,要义在于它是一种高标要求。

基于"基本素养"的眼光,所谓"核心",无非是"人之为人"的核心,不过是足以称之为"人"的基本要求:是"人",就需要倾听。学会倾听,是对人性的一种奠基。尚处在胚胎状态的人类,就开始倾听了,胎教的基础条件,就在于倾听。通过倾听,前婴儿状态的人与母亲展开了隐秘幽微的对话。而"胎教"之"教",只有借助于倾听,才可能实现,"教"从"听"开始。从母与子的对话开始,倾听就渗入其中了,探讨对话,包括教育中的对话,无法脱离倾听,它是对话的前提,没有真实有效的倾听，就没有真实有效的对话。

动物之间、人与动物之间也会相互倾听。无论是小说还是电影，《狼图腾》既展现出了狼与狼的倾听，也铺陈了人与狼的相互倾听，里面同样有喜与悲，罪与罚，同样有温情和残忍……

人类的倾听，特别是人与人的倾听，超越于动物倾听之处，在于伦理道德，它是维系人伦日常、人际关系的纽带。所谓尊重、宽容，还有平等、公正，甚至自由、民主，这些人类的基本价值准则，无一不与倾听有关，无时无处不需要"我与你"的相互倾听，在静心、耐心、细心和专心的倾听之后，作出恰当及时的应答，这是人类共同的道德责任。哈代所言的"呼唤人的与被呼唤的，往往不能相互应答"，症结不在于呼唤和应答，在于"倾听"的缺失与遗忘。相互呼唤与相互应答之中，内含了相互倾听的期许与恳求。呼唤与应答的相互遗漏和错位，症结乃是倾听的延迟或者不在场。

凭借什么去倾听？倾听的器官不局限于耳朵，聋人也有倾听的权利和能力，只不过，他们用眼睛替代了耳朵，用心灵主宰了所有的感官，要求它们以倾听的姿态，朝向周遭的世界，转向自我的世界。由于用心灵，甚至是全部身心，而不是某一外在的专用感官去倾听世界，相比听觉正常者，聋者对于世界的感知，可能反而更加敏感和细腻……

最具人性意义的倾听，不是倾听自然或者倾听他者，而是倾听自我。倾听自然的能力，动物远甚于人类，倾听他者，动物也有诸多优势，尽管它们没有人类那么复杂多变的语言，但其倾听的生理机制中微妙的复杂和复杂的微妙，往往也令人叹为观止……人类的独特优势，恰恰是在反观自我中倾听自我，这是人性的内在构成，也可能为通向神性的世界敞开了隐秘的通道。

从这里开始，敞现了我对于"核心素养"之"高标"的理解。所谓"高标"，具有三个层面的含义：

一是三类倾听，即倾听自然、倾听他人和倾听自我，各自都有从低层次向高层次的演进和发展，都有自我提升的能级和台阶性指标。

二是三类倾听之间，存在从低到高的递进关系，至少在我看来，倾听自我的能力，是一种从外界走向自我的转向，它标志着一个人的自我意识和生命自觉，进入到了一个很高的层次。不止一个哲学家，有类似张岱年先生的习惯，每日傍晚，日落黄昏之际，端坐在书房里，静默中反观自身，倾听自我生命中最真实、最细微的脉动。这样的"三省吾身"，绝非哲学家的专利，任何有对自我生命的觉知、觉悟，把对外界的惊异、应对，转向对内在真实自我的直面和静思之人，都站在了人性的高端之处。

三是主动实现三类倾听之间的交互生成与融通转化，在倾听自然与倾听人之间，可以知晓人之原初的状态，感受人在自然中的渺小，可以戒除盲目的对他人的仰视崇拜和自我膨胀，也能促使我们在与他人、与自我的交往中，回归真实的本我，在顺其自然中迈向生命本有的澄明自然之境。在倾听他人与倾听自我之间，既可以把他人视为自身的镜子，照出自我生命的局限与软弱，也能够由己推人，感受他人生命的苦痛与自我生命的苦痛之间的共振回响……如上种种关联，在今天的时代，有着非同寻常的意义。这是一个外在华丽视觉和喧嚣音响此起彼伏的时代，是一个特别容易引发躁动和灵魂不安的时代，是一个外在信息喷涌不觉，吸附甚至吸干了内在精神能力，进而导致倾听能力丧失的时代，因而是一个特别需要把所有对外在的倾听与对自我的倾听建构起有机关联的时代，这样的关联意味着：一个人精神能力的生长，可以通过这种倾听意义上的联结转换，得以绵绵不绝……

这可能就是人类最需要的"核心素养"，自我生长的能力，以及在自我生长与他人生长之间融通转化的能力，它们的源头在于：在不同倾听之间穿梭转换，实现创造性转化生成的能力。

教师倾听中的爱与怕

如果只能用两个关键词来描绘教育的特质，我会选择"倾听"和"表达"。师生之间相互倾听之后，表达自身，或者师生各自表达后，在相互倾听中彼此玉成，这可能就是教育了：

在教育者和受教育者之间的双向倾听与表达中，生命得以成长和发展。

这就是听的教育力量，它无处不在，弥漫在教育场景中的每一个角落，即使时常被人为地遮蔽和抑制。

所谓教育之道，无非是倾听之道。但大道运行，并不总是通畅自如，种种艰涩、迟滞和堵塞遍布四方，诸多教育问题由此生发。德里达曾言，"一切都会传到耳朵里，你能够用耳朵听到我说的一切"，这位汪洋恣肆的任性大哲未免乐观了些，我只能悲观地说：来自于学生的一切声音，都会传到教师的耳朵里，但教师未必能够听到学生说的一切。最常见的不是没有"听"，而是"听而不到"或"听而不进"。

很多时候，我们言说太多，倾听太少，更多时候，我们喊叫太多，静默太少。

什么导致了那些无多少教育意义的言说和喊叫太多？什么阻挡了教师

对学生的倾听？

归结起来，在于两个字——"怕"与"爱"。

"怕"首先是一种畏惧，畏惧自己的权威被学生忽视，失去了学生对自己的敬畏之心。许多教师靠着学生的敬畏来滋补灵魂，获取教育的勇气和动力。也正是这种源于自尊的畏惧，迫使有的教师生怕学生的声音阻挡了自我声音的传达，于是不断提高嗓门，张扬自己的气势，不压倒学生誓不罢休，结果把课堂变成了歇斯底里的课堂，变成了教师为克服自己的畏惧而引发学生畏惧的课堂。更多的情况是，教师愿意倾听，但却害怕倾听，时常为失去话语权、自信和尊严的恐惧所啃噬，因而在敞开面向学生的耳朵之时，思虑再三，踌躇不前……稍有风吹草动，即刻自动关闭了耳廓，由此获致了一种教师特有的安全感。

教师的"爱"，远比"怕"更为复杂。教师的"爱"，表现为"自爱"和"他爱"。"自爱"的极致是"自恋"，入此极端者不多见，更多的是自我蔽塞，自视高学生一等，拥有智力、体力和身份、角色、地位等方面的优势，成就了"趾高气扬"的架势，一旦自己的"气"扬起来，别人的"气"就从下面飘逝，于是整日浸泡在自己的气场里，做着醉卧中的迷梦……任何声音只是耳边风了。

我更想说的是"他爱"，因为对学生的爱导致的不能倾听和不会倾听。从倾听的角度来看，所谓"溺爱"之"溺"，是因为成人声音的过分强势和无限放大，毫不理会因而溺毙了孩子自己的声音，导致孩童的声音被湮没，这本质上是一种替代，用成人的声音替代了儿童的声音。这一切却是在"爱"的名义下进行的——多少教育悲剧，都与这样的爱有关。这种爱与倾听的教育逻辑是：我是为你好，听我的，没错！当儿童用呐喊和抗拒来反抗，招致的是成人更为猛烈的呐喊和逼迫，所凭据的还是一个"爱"字。

教师的"爱与倾听"，远非如此简单。教师因"爱"而生的倾听往往具有有意无意的"选择性",对一部分学生的声音敞开欢快的倾听之耳,对另一部分学生的声音却习惯性地躲避和拒斥,甚至展现出嫌弃或厌弃的姿态。这显然与教师的情感好恶有关:学习成绩好、形象气质好、家境条件好且有一定的社会关系背景、对教师表现出服从和尊重的姿态等,都可能构成教师之耳转向于他的理由。

这自然不是最理想的教育之爱。理想的教育之爱与理性有关,它依从的法则不是情感,而是理智,它的特性不是有所分别,而是无所区分,所有学生的声音,都需要被接纳且被反馈。教师的倾听之耳,不应成为"挑音"之耳和"偏音"之耳。如果倾听是对作为他人的学生生命的分享——分享善与恶,生与死,疾病与健康,欢乐与痛苦,那么,这种分享不应局限在教师与某些学生之间,而把其他人排斥在外。正是因为如此,教师的操心、烦心和累心才成为教育职业的常态,他不是某些或个别学生的生命倾听者和精神诊疗师,而是所有学生的。这就是教师难以承受但又不得不承受的生命之重。

倾听是一门教师必备的功课,我们尚需学习的地方,依然甚多。

的确,很多时候,我们言说太多,倾听太少,更多时候,我们喊叫太多,静默太少。

倾听之难与教育之难

"教育从倾听开始"——这并不是一句耸人听闻之语,而是基于教育实事,符合教育实质的判断。但这一"标语口号式"的判断依然需要接受质询与拷问,仍旧可能陷入各种误解和扭曲之中。其根源往往在于屡见不鲜的单向度思考:教育者总是下意识地片面要求学生"认真听",训练培养其倾听的技术和能力,但常常对学生的声音充耳不闻。如此,"教育从倾听开始",意味着教育从培养学生对教师的倾听开始,"认真听老师说话"、"认真听老师讲课"是亘古有之的教育传统。

这一传统带给教师的是一种强势地位,他几乎先天性地"趾高气扬",对学生提出各种倾听要求,却不屑把耳朵朝向学生,聆听学生世界中的微妙音响。相比之下,学生是倾听世界中的弱者,他们总是会小心翼翼,带着仰视的态度,躬身聆听。但这种姿态不会固定不变:一旦被教育者的粗暴和冷漠惊扰,学生将被迫关闭自己的耳朵,随后对他们的教育将全然无效。

这往往成为教育之难的根由:由于缺乏对学生的倾听,教师在自己的教育领地中"一意孤行"、"孤军深入",导致师生关系的紧张对立,时常遁入黑暗与虚无之地。教育的苍白无力也因此成为自然常态。"呼唤人的与被呼唤的，往往不能相互应答"，——这句来自于英国小说家哈代的名言，同样适用于教育。它指称的不只是人生的悲剧，也是教育的悲剧。那种"异乡没有回声的孤独"，同样在教育世界里游荡久远。

教育之难来自于倾听之难，在于教师对学生的倾听之难。什么阻碍了教师对学生的倾听？除了自以为是、高高在上的优越感之外，教师对倾听的教育价值的看低、倾听方式的偏失以及倾听能力的匮乏都是可能的缘由。

对于学生而言，教育者的倾听带来的首先是一种安全感。有设计师曾言：设计的目的之一，在于使人实现从不安宁到安宁的转换。最简单的例子莫过于置身于空荡荡的房间，人心的空无、疑惧和漂浮油然而生，但若将一把椅子摆入房间，人便有了依凭的对象，陡然便有了安全感。教师的倾听之耳就是可以给学生带来安全感的那把"椅子"，当老师把亲切的眼神，张开的耳朵朝向学生之时，仿佛给了学生一把可以安坐因而可以安心的椅子。

对于"师生关系"这一教育生活中最基本最重要的枢纽而言，如果天然的河沟始终存在，那么倾听则成为师生关系的摆渡桥梁，倾听者即摆渡者。有了作为摆渡的倾听，双方向对方走进，边缘和分界线将不再那么陡然尖利，一抹柔和的亮色开始在双方的眼神中弥漫。

我相信，大部分教师都不会否认上述倾听的教育价值，一旦有所认识，相应的表达也会轻而易举，但"倾听之思"、"倾听之说"都不能自然转化为"倾听之行"，在教师那里，倾听方式的改变是解决倾听之难的首要所在。

当教师开始将倾听的耳朵转向学生之时，存在"我向倾听"和"他向倾听"两种方式。前者出于"为我"的目的，是一种选择性、验证式的倾听，是否符合于自身的目的（如是否听懂了"我"的言说和要求）和需要，是否适合于自身已有的视角、眼光及某种结论性的观点与答案，构成了选择性倾听的标准，它同时也是一种对自己已有观念和取向的验证：倾听无非是为了验证自身原有存在的正确。后者则是出于"为他"的目的，为了听出学生的各种诉求、需求、希望和困惑、困难等，进而满足、帮助、引导和提升他们。在这个意义上，"我向倾听"属于"有私的倾听"，"他向倾听"则是"无私的倾听"。显然，对于学生来说，后者才是有成长价值、发展价值因而具有教育价值的倾听。这样的倾听给予学生的不仅是尊重，更是一种赞美，即使是对学生弱点和错漏的倾听，也是基于赞美：为世界上还有如此独一无二的生命而赞美。赞美的背后更是一种感恩的态度：感谢上苍让我们成为师生。因而有了一种可能：我们彼此在精神上结成了牢不可破的生长纽带，在自我生命成长的路上，从此与对方的生命同在。对方生命的认真细致的倾听，让我们的生命同在。

如上对倾听的诗意叙说，仍然难以掩盖更无法抹去倾听的艰辛繁难，人际间的倾听本身就阻碍重重，各种摩擦、纷争由此而生。更何况成人世界与儿童世界原本就是两个迥异的世界，学会如何倾听，始终是一门需要学习和掌握的高超艺术。即使之于身为人师，在学生面前时常"自命不凡"的教育者，要拥有这门艺术，同样需要持久且耐心的努力。

不管倾听如何艰难，毕竟，我们已通过对倾听的思索，进入到了倾听的世界：

现在，我们在那里了；当下，我们已在倾听里了……

什么是"认真倾听"

在常见的认知里,理论人与实践人最大的差别在于,前者偏于抽象宏大,后者惯于具体细小,但在真实的教育世界里,这可能属于"成见",甚至"偏见"。我见过的不少大学教授,也能事无巨细,细致入微……;同样,我接触过的不少中小学老师,也能畅谈宏大理想,抽象表达……。落到课堂上的具体表现,是给学生发出种种听上去美好、动听的抽象指令,例如,请大家"认真倾听"、"善于倾听"……

何谓"认真倾听"?要做什么,怎么做,才是"认真"和"善于"?这些语焉不详的抽象要求,带给学生的自然是无助的困惑和空洞的迷茫……

要让学生理解什么是"认真倾听",须从指导学生"听什么"开始。在我相对熟悉的语文课堂里,以朗读指导为例,当一人朗读,其他同学聆听之时,教师需要具体明确:别的同学朗读的时候,请大家认真听,他的读音准确吗?读出重音、停顿和节奏了吗?这样的具体要求,会让学生有倾听的方向,知晓该把自己的耳朵朝向哪里,定位在何处。

接下来,是更关键的一步,告诉学生"怎么听"。这是"认真倾听"的钥匙与要诀,至少包括五个方面:

一是"专注"。别人发言的时候，不要东张西望，心不在焉，像钉子一样牢牢对准和盯住别人的言说与表达，这就是所谓的"专心致志"，要义在于"专心"。

二是"理解"。明了他人话语的内涵与主旨，包括说了什么和怎么说的，避免误听和错听，关键在于"听懂"。

三是"评判"。对他人观点、方法和程度等作出判断，不只是明是非，更要形成并清晰自己的评判尺度，核心在于"辨析"。

四是"比较"。同样表达对一个问题的看法或思考、解决同一个问题，同样展示某种才能与技艺，比较我与他的异同，这既是为了避免自己发言时与他人重复（这在日常课堂生活中司空见惯），也是为了拓展自己的视野和知识——因为倾听了他人的观点和方法，自我原有的认识，因此跟过去不一样了，或修正，或改变，或扭转，或增添，或丰富……。这意味着，由于有了对他人的倾听，走出课堂的"我"，与走进课堂时的"我"，已经不一样了。这里的秘诀是"比较"。

五是"动笔"。听到了打动自己的好观点、好方法、好语句，在课本上或笔记本上记下来，既可直接抄录，也可撰写简要评语，甚至打个问号、感叹号等等，用这些方式把别人的学习资源变成自己的学习资源。如果能够用别人的思考激发自己的思考，那就更好了……显然，此时的钥匙在于"动笔"。这也是苏霍姆林斯基很早以前对学生的建议："要善于听教师讲课。九、十年级的学生对于重要题材的讲课，不管教科书里有无这些材料，都要做摘要笔记。做笔记能够训练你的思维和检查你的知识。要学会在课堂上就当场做思考摘要，每天至少花半小时的时间整理笔记。我建议把摘要笔记分为两栏：第一栏记听课的摘要，第二栏记必须思考的问题，包括关键性的、主要的问题。"

如果学生能够听懂这些要求，并且努力去践行操练，就足以称为"认真倾听"了。

然而，即使提出如上细节性的要求，依然不足以变成学生的倾听方法、能力和习惯，还需要一个渗透其中的"催化剂"和"酵母"——"评价"。

教师需要不断通过评价来落实和推进倾听要求。例如，当一个同学发言结束之后，把目光转向全班，指向另外一个学生对其即时表扬：我发现，前面这位同学发言的时候，旁边那位同学带着专注的表情听别人发言，这说明他在"认真倾听"。又如，就某一问题讨论过程中，第三位同学表达了自己的观点和方法之后，马上鼓励：大家注意到了没有，他刚才的发言，没有重复前面同学的观点，他"认真倾听"了……还有，专门表扬某位别人发言时自己动手记录的同学：我发现有一位同学养成了一个非常好的习惯，别人发言的时候，他及时做笔记，希望大家向他学习！

林林总总的评价技巧，其核心在于"榜样"，树立"认真倾听"、"善于倾听"的榜样，寻找"倾听之星"，让其他学生可以直观，更能够模仿和借鉴。

作好"评价"，还可以适度"把评价权还给学生"，让学生从倾听的角度，对照前述"认真倾听"的标准和策略，对同学的倾听方法和倾听习惯作出评价，即"相互评价"。当然，更可以"自我评价"，这实质上是一种基于"认真倾听"的自我反思：

刚才同学发言的时候，我在听吗？听了什么？听到、听懂、听清了什么？我是怎么听的？哪些听得还不够好，需要进一步改进，又该如何改进？……

这样的评价训练，甚至可以衍生转化为一堂专题课，即"认真倾听课"，进而演变为一种"课型"，即"倾听训练课型"，主旨都是以倾听技能方法的传授和训练为核心与基础，在交互生成式的评价他人与自我评价中，培养与提升学生的认真倾听的能力与习惯。

第二辑　名师的倾听之道

跟着孔子学倾听

在传统的眼光里,作为中国儒家的创始人,同时也是中国文化的代表,孔子要为"教师中心"、"教师权威"承担主要责任。与苏格拉底相比,孔子与学生的关系,是仰视与被仰视的关系,而不是相互平视、对视的关系。回想当年读《论语》,首先想到的不是那些智慧隽永的话语,而是学生们围坐在孔夫子身边,带着仰慕的目光,一个个谨小慎微,毕恭毕敬……

如此看待孔子,显然把他看小了,看薄了,也看瘪了……

孔子虽然气相庄严甚至威严,貌似"高高在上",时刻摆出"教师"的姿态对学生的学习与日常生活"指点江山",实质上,他是很有"学生立场"和亲和度的人,不然,只靠学识和道德,无法长久地吸引和凝聚如此多的青年才俊。

孔子的"教育力"之所以世代传诵,与他的倾听和回应能力有关。孔子没有多少关于倾听的直接论述,只是在《论语·公冶长第五》中,孔子在批评宰我时说道:"始吾于人也,听其言而信其行;今吾于人也,听其言而观其行。于予与改是。"然而,孔子的倾听能力有目共睹。

与苏格拉底类似,孔子的教育活动大都是在与学生的交谈和对话中进行的，所以孔子非常善于观察和倾听学生的言行，从而在针对性地回应中对学生予以引导和启发。

孔子的倾听本领，至少表现在三个方面。

第一大本领，听出教学内容。

教学内容的选择，即"教什么"的问题，它是确定性与不确定性结合的产物，因此一直处在预设与生成的关系之中。具有倾听智慧的教育者，不会拘泥于倾听预设中的教学内容，而是基于现场倾听而来的学生话语，生成新的教学内容。

子贡问孔子："贫穷而能不谄媚，富有而能不骄傲自大，这样的人怎么样呢？"孔子说："这也算可以的，但还不如虽然贫穷却乐于道，虽然富裕而又好礼的人。"子贡说："《诗经》上说，'要像对待骨、角、象牙、玉石一样，切磋它，琢磨它'，就是讲的这个意思吧？"孔子回应说："赐啊，你能从我的话中领悟到我还没有说到的道理，举一反三，我可以同你谈论《诗经》了。"

孔子听出了子贡的困惑和需求，随即自然生成了讲授《诗经》的教学契机。

第二大本领，听出弦外之音。

来自于学生的话语，表面上纯真朴实，但却常常"别有深意"或"另有隐情"，虽然学生自己可能并不自知，只是一种自然流露，这就需要老师通过倾听将学生话语中的隐匿之意敞亮出来。

冉有对孔子说："老师，我不是不喜欢您所讲的道，而是我自己的能力不够啊。"孔子听后回答他，能力不足的人，是想要前进却不能，但是明明可以前进却不想的人，就是自己给自己划了界限而不想前进。

从中可以看出，冉有对于学习孔子所讲授的道产生了畏难情绪，认为是自己的能力不够，但孔子听出的却是，不是能力问题而是思想上的畏难情绪在作怪，所以将其点明以启示冉有。

又如，子贡问孔子说："全乡人都喜欢、赞扬他，那么这个人怎么样？"孔子回答说："这还不能肯定。"子贡又问孔子说："全乡人都厌恶、憎恨他，那么这个人怎么样呢？"孔子说："这也是不能肯定的。最好的人应该是全乡的好人都喜欢他，而全乡的坏人都厌恶他。"

子贡的两个问题，表面上看，只是希望孔子对这两类人进行实质性的评价，但孔子却听出了子贡是想询问他如何识人的问题，即"评价标准"问题。针对子贡提出的以众人的好恶来评价一个人好坏的观点，孔子转而指明了不应该仅以众人的好恶为判断的依据，而应是以善恶为评价的标准。

第三大本领，听出学生的个性。

这是孔子最擅长的倾听与回应本领：根据听出的学生个性，进行差异化的针对性回应。

子路问孔子："听到了就行动起来吗？"孔子回答说："有父兄在，怎么能听到就行动起来呢？"冉有问孔子："听到了就行动起来吗？"孔子回答说："听到了就行动起来。"在旁边的公西华有些糊涂了，就问孔子："仲由（子路）问'听到了就行动起来吗？'您回答的是父兄健在（就不应该立马行动），而冉有问同样的问题时，您却回答'听到了就行动起来'。我被弄糊涂了。敢再请问下您。"孔子说："冉有总是退缩，所以我鼓励他（多行动）；而仲由好勇过人，所以我要约束他（不要冲动行事）。"

又如，同样是问仁，孔子对颜渊的回答是："抑制自己，使言语行动都合于礼，就是仁。一旦这样做到了，天下的人都会称许你是仁人。实践仁德，全凭自己，还凭别人吗？"颜渊道："请问行动的纲领。"孔子道："不合礼的事不看，不合礼的话不听，不合礼的话不说，不合礼的事不做。"颜渊道："我虽然迟钝，也要实行您这话。"

子贡这样问仁："假若有这么一个人，广泛地给人民以好处，又能帮助大家生活得很好，怎么样？可以说是仁道了吗？"孔子如此回应："哪里只是仁道，那一定是圣德了！尧舜或许都难以做到哩！仁是什么呢？自己要站得住，同时也使别人站得住；自己要做事行得通，同时也使别人事事行得通。能够就眼下的事实选择例子一步步去做，可以说是实践仁道的方法了。"

司马牛问仁德，孔子又是另外一种回应："仁人，他的言语迟钝。"之所以如此，是因为：牛多言而躁。孔子的回答是针对问者"多言而躁"的缺点而说的。

再如，同样是问政，子贡曾经请孔子比较："颛孙师（子张）与卜商（子夏）两个人，谁强一些？"孔子道："师呢，有些过分；商呢，有些赶不上。"因此，这两人分别向孔子求教做官为政之道，孔子的回答各有不同。他对子张的回复是："多听，有怀疑的地方，加以保留；其余足以自信的部分，谨慎地说出，就能减少错误。多看，有怀疑的地方，加以保留；其余足以自信的部分，谨慎地实行，就能减少懊悔。言语的错误少，行动的懊悔少，官职俸禄就在这里面了。"这是孔子告诫子张要慎言、慎行，针对的是子张之"过"而对症下药。

子夏做了莒父的县长后，问政治。孔子道："不要图快，不要顾小利。图快，反而不能达到目的；顾小利，就办不成大事。"之所以如此回应，是因为："子张常过高而未仁，子夏之病常在近小，故各以切己之事告之。"

孔子的倾听与回应能力，也不是朝夕之间形成的，同样需要在耐心从容中持续不断地反思重建。

孔子被困在陈、蔡之间，只能吃没有放米的野菜汤，七天没有吃过一粒米了，白天也只得睡觉。有一次，颜回去向别人索求米谷，讨到米后就烧火煮饭，饭快熟了的时候，孔子看见颜回用手抓甑中的饭来吃。一会儿，饭煮熟了，颜回进去见孔子并奉上饭食。孔子装做没看见刚才的事，对颜回说："今天我梦见了祖先，要把食物弄干净，然后用来祭祖。"颜回回答说："不可以。刚才有煤粒掉到了甑中，丢掉这些食物是不好的，太可惜，所以我就用手抓着吃掉了它。"孔子叹息道："人们相信自己眼睛看见的东西，但是眼睛还是不可以相信；人们靠的是用心去了解事物，但是心也不可靠。弟子要记住了，了解人固然不容易啊。"

教师常常带着"前见"或"先见"去看待和倾听学生的言行，并因此常常缺乏耐心和从容，总是急匆匆或急吼吼地加以评断。孔子也不可避免染上了这一由人性弱点而来的特性，但他与常人的不同在于，有清醒的自省意识，因而能够觉察和自知，进而在感悟中有所调整，更能将这一感悟与学生分享，形成了"学生言说—教师倾听—感悟—回应—学生倾听—感悟—回应"的教育循环，并因此诠释了"倾听是最好的沟通"的教育之道。

当我们言说孔子的教育故事的时候，习惯于带着尊崇的眼光看待这一"天纵之圣"、"万世师表"，他似乎遥不可及、高不可攀，只能仰视之、远观之……但实际上，孔子的意义不在于"超凡入圣"，而在于其"日常"、"家常"。他的为人为师为学的理想与信念、策略与方法，他的倾听与回应的方式方法，大都是从日常教育生活中生成的，也完全可以回归日常，转化为我们的信念与方法。至少在倾听的意义上，每个人都可以成为自己的孔子。我们不妨通过倾听孔子的倾听之道，带着"倾听自信"，进入属于自己当下的真实具体的课堂，像孔子那样倾听学生、回应学生和引导学生。

此时此刻，"我"不妨自信地说，我就是孔子，孔子就是我。

孔子的倾听之道与教育之道

若以倾听的眼光来看"教育之道",教育之道就是"倾听之道"。所谓"教育家",就是"倾听艺术家","教育大师",就是"倾听大师"。

孔子就是这样的"教育大师"和"倾听大师"。

先看《论语·先进》中的"子路、曾皙、冉有、公西华侍坐",这是一个经典性的教育倾听案例:

子路、曾皙、冉有、公西华侍坐。

子曰:"以吾一日长乎尔,毋吾以也!居则曰:'不吾知也!'如或知尔,则何以哉?"

子路率尔而对曰:"千乘之国,摄乎大国之间,加之以师旅,因之以饥馑,由也为之,比及三年,可使有勇,且知方也。"

夫子哂之。

"求,尔何如?"

对曰:"方六七十,如五六十,求也为之,比及三年,可使足民。如其礼乐,以俟君子。"

"赤,尔何如?"

对曰:"非曰能之,愿学焉!宗庙之事,如会同,端章甫,愿为小相焉。"

"点,尔何如?"

鼓瑟希,铿尔,舍瑟而作。对曰:"异乎三子者之撰。"

子曰:"何伤乎?亦各言其志也。"

曰:"莫春者,春服既成,冠者五六人,童子六七人,浴乎沂,风乎舞雩,咏而归。"

夫子喟然叹曰:"吾与点也。"

三子者出,曾皙后。曾皙曰:"夫三子者之言何如?"

子曰:"亦各言其志也已矣!"

曰:"夫子何哂由也?"

曰:"为国以礼,其言不让,是故哂之。"

"唯求则非邦也与?"

"安见方六七十如五六十而非邦也者?"

"唯赤则非邦也与?"

"宗庙会同,非诸侯而何?赤也为之小,孰能为之大?"

"侍坐"意即在尊长近旁陪坐,聆听并接受尊长的教导,其恭敬之态尽显:"尊长坐着,己站立侍奉",彰显的是"师道尊严"。但这里的"尊严"不只是"师"本身的身份地位带来的尊严,更是"师"所传的"道"具有的内涵和价值而拥有的尊严。能够让学生心悦诚服并顶礼膜拜的师长,不是因为他坐在了教师席位之中,或者站到了讲台上,而是因为他自身具有的"道"和"传道"的能力。

孔子自然有资格配享这样的尊严,但他没有因此而陶醉自得。在本次教学中,在子路、曾皙、冉有、公西华等学生面前,孔子首先放下身段——"以吾一日长乎尔,毋吾以也",这是一种洗耳恭听的平等姿态,意味着教师朝向学生，敞开了耳朵，以诚恳之心接纳从学生那里传来的声音。

这一切都是告诉学生："我"已作好了准备，倾听你们的声音。

这种展现倾听姿态的"教学准备"之所以重要，在于它构筑了一个吸引并激发学生表达声音的道路、平台或管道，展露出了一种"希望"与"等待"的渴切，它向学生表明的是："我已经准备好了，你们可以开始了……"

接着，孔子针对学生"不吾知也"的渴求与需要，引出关于治国理想的"如或知尔，则何以哉"，就顺其自然，水到渠成了。

接下来的教学过程，沿着孔子预先铺垫好的道路，学生们开始在同一平台和管道上各抒己见、各展其能：

子路率先慷慨陈词，表达了治理千乘之国的宏愿；冉有谨慎迟疑，将治国理想收缩为管理小国使民丰足；公西华则更为谦逊，只想给诸侯做一个小的赞礼人。前三人分别作答时，曾皙悠闲鼓瑟，当孔子点到他时，他从容不迫地弹完曲子，起立回答，以优雅之态，描绘了一幅礼乐治国的完美图景……

对于这样一场古典教育的理想场景，有人评论道：

围绕一个话题，四位门徒的回答各具个性，是一次高规格的师生对话与心智较量。四人的语气、语调、性格、心态可谓形神毕肖。子路不等孔子点将，就直言不讳、袒露心迹，遭夫子哂笑。接受"枪打出头鸟"的教训，冉有便先言"方六七十"，再说"如五六十"，直至"如其礼乐，以俟君子"，步步为退。可以想见他边说边看、察言观色、拿捏分寸、努力迎合的机敏态度。最年轻的公西华更加瞻前顾后，愈发谦卑恭顺。曾皙表面若无其事，实则声声入耳，蓄势待发，最终一鸣惊人。

所谓"高规格",表现在这段师生的教学对话,既是一种智力挑战,也是一种情商比拼,尤其是如何"边说边看、察言观色、拿捏分寸"……这样一种人际旋涡里的应对机智,从冉有开始,一直延续传递并在曾皙那里达到了高潮:

公西华最年轻,资历最浅,自然会根据两位师兄的发言进行自己的话语定位。其言说位置可谓喜忧参半。忧者,在于冉有的表态已几无退路,在他的基础上可谓退无可退;喜者,绝境逢生、峰回路转方显才俊本色。公西华避开冉有一缩再缩的数字游戏思路,竟声称"非曰能之","愿学","愿为小相"……此即对话过程中的后发制人……

就事言事,无论怎样机智都未免形而下;言此意彼,虚虚实实谈玄论道方为形而上。曾皙一出手,就是目无余子、独步群雄的"异乎三子者之撰",随后不是从俗奢谈如何治国,而是诗意描绘理想生活,一"浴"一"风"一"咏",活色生香,顿将"侍坐"讨论推向高潮。

如果仔细揣摩这段教学进程,不知道如此顺序的发言,是孔子的事先安排,还是自然生成。例如,脾气急、资格老的子路总是迫不及待地抢先说……我们只能假设并想象,如果让曾皙先说,整个教学对话将会出现什么样的局面?子路、冉有、公西华该如何进行这场对话接龙?什么该敞亮透明、直言不讳地说?什么该遮遮掩掩、蜿蜒曲折地说?

显然,我们无法得出确定的答案,只能推测和想象。但作为引导和推进这场别开生面的教学对话的始作俑者,孔子的作用毋庸置疑。虽然他展现了愿意倾听的姿态,但并不必然导致言说者的真诚相待、和盘托出。

有论者因此指出:

教育者愿意倾听的民主态度并不意味着言说者就会真诚以待,实话实说。言说者的身份、年龄、性格、品行、学养以及发言的次序、同伴的话语、教师的态度、对现实处境的利弊权衡等因素，都可能左右其言说的动机与态度，引起话语方向与话语内容的改变、扭曲。生生之间的相互倾听有时反而增大了话语的不确定性。所以，教师要真正理解话语的意图与内涵，就要对学生进行深入的了解，拥有丰富的对话经验并具备相应的教学智慧。从这个角度看，假如孔子不过早"哂之"，而是按捺情绪，暂匿观点，估计冉有、公西华的回答会坦诚、自在许多；假如师生共同确立了倾听并尊重他人发言的民主对话原则，曾皙亦不可能也无需弹琴作秀。

这种对孔子的隐含批评，固然有一定的道理，但或多或少是一种"苛求"，是用现代人的眼光审视和裁度那个时代的人与事。孔子为师的仁厚宽宏、循循善诱，自不必多言，他在这场教学中展示出的倾听艺术，才是作为后来者的我们需要用心揣摩和借鉴的重点。

作为倾听艺术家的孔子，在这里展现出的是倾听之后的"回应艺术"，其要义是"评价"，基本方式是"针对性的回应与反馈"，精妙之处在于"哂"、"叹"：

课堂上，以一"哂"含蓄示意，为子路的张狂失礼降温，以一"叹"表明对曾皙志趣的认同，对冉有、公西华的发言则不置一词，做到明暗有别，惜语如金。作为倾听教育的组织者，教师的适时评价是不可或缺的，一味听取而不置可否只会增加学生的疑虑，降低言说的热情，恰当的点评不但有助于保证讨论的聚拢与深入，还能有效激发学生倾诉的欲望、讨论的兴趣。当然，本案例中孔子对子路的态度是贬斥的，体现了孔夫子一贯的因材施教的原则，也体现了他的个性棱角。无意苛求孔子对子路言语态度的自然反应，但是从倾听教育的角度看，在学生开展对话讨论的初始阶段，教师态度的暂时搁置、教师观点的主动退避，或许更有利于学生大胆讨论。孔子一句"吾与点也"可谓精彩至极。盛赞曾皙即意味着对余者表现均不甚满意，对子路等三人其实是不评之评。可以想见，智慧如子路、冉有者，自然心知肚明，知趣告退，愁肠百转，三省吾身。这种无声胜有声的评价技巧折射的其实是恬退隐忍的倾听境界和仁者爱人的教育情怀，此乃本次倾听教学活动最具价值与魅力之所在。至于曾皙在同门发言时自弹自唱的表现，更愿意视之为替曾皙的出场造势，戏剧化成分明显，反映了孔夫子教学形式的宽松自然、洒脱不拘。

这样一个"点到即止，擒纵自如"的孔子，才是我们心目中掌握了倾听之道和教育之道的"教育家"，是我们孜孜以求、心向往之的"倾听艺术家"。

苏格拉底的"产婆式倾听"

在古希腊时期,尽管生成了丰富的教育思想和教育方法,对后世产生了重大影响,但其基本导向却是强调学生对家长和教育者等从下到上的听讲与服从。

原因之一,当时的宗教和政治氛围推崇权威,崇尚演讲技术,尚未注意到倾听的重要性;此外,也在于古希腊时期建立的"视觉中心"传统,认为智慧就在于认识真理,而这种认识往往借助于视觉的方式来实现。例如,毕达哥拉斯学派规定,成员在学习期间要保持沉默,只能听老师的讲授,自己专心思考,不随便发表议论,以便能深刻理解所学的知识。

在这样的氛围里,苏格拉底却是特殊的"另类",他是那个年代难得一见的注重倾听的教育家。他曾言:"上天赋予我们一个舌头,却赐给我们两只耳朵,所以我们从别人那儿听到的话,可能比我们说的话多两倍。"

有个人慕名而来,向苏格拉底求教演讲的技巧。为了表现自己有这方面的天赋,他滔滔不绝地讲述自己作了哪些准备,表明自身具有多么雄厚的天资。苏格拉底在听了他的叙述之后,表示可以收他为学生,但又对这个人说:"你必须缴纳双倍的学费,不然无法学成。"此人大惑不解:"为什么要收我双倍的学费呢?"苏格拉底回答道:"我除了要教你演讲术之外,

还要给你开一门倾听课,教你如何保持沉默,先学会当听众。"在这里,至少表明了苏格拉底对倾听的三种认识:

首先,"倾听"也是一门课程,而且是与众人热衷的"演讲"不同的课程。无论是"倾听术",还是"演讲术",都不可偏废。

其次,倾听是演讲的前提。只有先学会在沉默中倾听,成为好的倾听者,才可能成为好的演讲者。

再次,倾听是一种学习,是一种重要的学习态度和学习方式,学习从学会倾听开始。

苏格拉底以其著名的"产婆术"("助产术")闻名,在与人讨论真理的过程中,并不是像当时其他的教育者一样直接把知识教给别人,而是通过大量的问答反复地进行诘难和思辨,并在这样的对话并倾听对方观点的过程中,让对方意识到自己的无知,逐渐加以引导和启发,以澄清先前模糊的概念和观点,最终得出正确合理的结论。这种"产婆式教育"的要义,是教师的角色转换——不是真理和知识的"给予者"、"施与者",而是"倾听者"、"发掘者"、"启迪者"、"帮助者",其中的精髓与魂魄是"倾听",通过耐心倾听,发掘对话者的谬误,启迪并帮助对话者转变原有的认识,接近真理,获得智慧。

具体说来,苏格拉底喜欢用问答的方法来和学生们讨论各种问题,他和别人谈话时,总是先以一种对所讨论问题一无所知的态度向人请教,请人们谈出有关美德、正义、勇敢等的定义。而他在认真倾听对方有关问题的定义之后,举出一些实例以证明对方的定义是不恰当的,迫使对方不得不提出新的定义,他再指出新的错误……这样,在一步步的"倾听—反诘"过程中获得正确的认识。

例如,色诺芬尼的《回忆苏格拉底》中,记载了一些苏格拉底跟学生探讨"正义"定义的对话。其中,他与青年尤苏戴莫斯有关正义的谈话,是苏格拉底产婆术对话法的一个较为典型的例子。

苏格拉底先问尤苏戴莫斯，能否举出什么是"正义的作为"和"非正义的作为"，尤苏戴莫斯说能够举出。接下来：

苏格拉底建议他把正义的作为归入一边，把非正义的作为归入另一边，并问道："虚伪是人们中间常有的事，是不是？"

尤："当然是。"

苏："那么，我们把它放在两边的哪一边呢？"

尤："显然应放在非正义一边。"

苏："人们彼此之间也有欺骗，是不是？"

尤："肯定有。"

苏："那么欺骗应该放在两边的哪一边呢？"

尤："当然是非正义一边。"

苏："是不是也有做坏事的？"

尤："也有。"

苏："那么，奴役人呢？"

尤；"也是如此。"

苏："看来这些都不能放在正义一边了。"

尤："如果把它们放在正义一边，那可就是怪事了。"

苏："那么，如果一个被推选为将领的人，率领部队去奴役一个非正义的敌国的人民，能不能也说他是非正义的呢？"

尤："当然不能。"

苏："那么他的行为是正义的了？"

尤："是的。"

苏："倘若他在作战期间欺骗敌人呢？"

尤："这也是正义的。"

苏："如果他偷窃、抢劫敌人的财物，他的所作所为不也是正义的吗?"

尤:"不错。不过开始我以为你所问的都是关于我们的朋友的呢。"

苏:"那么,前面我们放在非正义方面的事,也都可以列入正义一边了?"

尤:"好像是这样。"

苏:"那么既然我们已经这样做了,我们是不是应该重新给它划个界线:这一类事用在敌人身上是正义的,但用在朋友身上就是非正义的了。对待朋友必须绝对忠诚坦白,你同意吗?"

尤:"完全同意。"

苏:"那么当战争处于失利而又无援状态的时候,将领发觉士气消沉,就欺骗他们说援军就要来了,从而鼓舞了士气。这种欺骗行为应当放在哪一边呢?"

尤:"我看应该在正义的一边。"

苏:"小孩子生病不肯吃药,父亲哄骗他,把药当饭给他吃,用了欺骗的方法而使得孩子恢复了健康。这种欺骗行为又该放在哪一边呢?"

尤:"我想这也是正义行为。"

苏:"又如,一个人想自杀,朋友们为了保护他而偷走了他的剑,这种行为该放在哪一边呢?"

尤:"同上面一样。"

苏:"可你不是说对朋友任何时候都要坦率无欺吗?"

尤:"看来是我错了。如果您准许的话,我愿意把说过的话收回。"

之所以这是一段典型的苏格拉底"产婆术倾听"与对话,是因为它提示我们,教育者对作为他者的学生的倾听,有三个技巧和方法:

(1)不预先把自己的观点(如苏格拉底自己对"正义"的理解)强加或强塞给对方,而是在提问、倾听、追问或反诘的对话中,让对方逐渐理解并认同自己的观点。

（2）先尽可能通过提问，敞开或敞现对方起初或原初的想法，而不是刻意排斥或压制对方，这一步非常重要和关键，教育失败通常起源于这一步的缺失。

（3）通过举例子来让对方反思和评价原先的观点，以实现自我觉醒、自我认知和自我改变。很多时候，举具体的例子，比讲抽象的大道理更有效。

在上述过程中，倾听渗透其中，教育者和引导者只有通过倾听，听懂对方的话语，读懂其真实的想法，才可能提出合理的追问和反诘，才可能实现改变和影响对方的目标。在这里，"倾听术"构成了苏格拉底"产婆术"的核心。

苏格拉底不仅作为哲学家，也作为教育家而流芳百世，首先是因为他是一位"倾听大师"。

苏霍姆林斯基的眼神

与苏霍姆林斯基的相遇,或者说,苏霍姆林斯基最初得以进入我的教育世界,不是因为他的头衔、著述和各种光环,而是因为他的一张照片。

这张照片使我想起曾经在电影《辛亥革命》中饰演孙中山的赵文瑄。为了演好这个历史人物,赵文瑄反复揣摩孙中山何以成为孙中山的神韵之所在,那就是他的眼神,一种融合了温暖和坚定的眼神……为了拥有这种眼神,在电影世界里淋漓尽致地展现出来,赵文瑄对着镜子反复演练模仿,直到这种温暖和坚定,弥漫、渗透在他的眼神里……

这体现了一个电影演员的敬业精神,然而,他毕竟是在表演……我见到的苏霍姆林斯基的一张照片,则是一个人真性情的自然流露。照片中的他,与一个学生相对而视,他的目光真诚、自然,散发着只有真正热爱学生、把学生放在内心的教师的目光中才会有的光芒,它并不耀眼,但却有着温暖的坚定、温和的执着和温柔的力量……这是只有教育者才会拥有的眼神,它具有教育的力量,混合了父爱的慈祥与严厉,母爱的柔和与坚毅。这样的眼神,或许在不同的教育者那里,会有更加丰富细微的具体表现,但无一例外地具备一个共同特征:倾听的姿态——异常专注的倾听,内含着无限的关注与期待……

作为教育家的苏霍姆林斯基,首先是一个教育倾听艺术的思想者与践行者。在漫长、艰难而又辉煌的教育生涯中,倾听始终是他关注的话题。在他那里,一个好教师,应是一个好的倾听者,教师应有倾听意识、能力与习惯。倾听往往发生在师生间的谈话中,这是一种具有典型教育意义的精神交往,内含了师生之间的相互信任、诚恳相见、开诚布公,甚至肝胆相照。为了实现这样的目标,同时也为了让谈话内容使学生心情激荡,打动学生的心灵,苏霍姆林斯基向所有的教师,特别是青年教师提出了三条建议。

1. 通过集体的力量影响个人

教师需要把自身变成一个好朋友与好参谋,加入到与学生的集体谈话中,这不仅是教育过程的一条规律,在我看来,也是教育倾听过程中的一条法则。

(正是在集体的交互谈话与倾听之中)各种人的思想、感情、志向、兴趣和爱好交织在一起。教育者对其中的某一方面触及得愈轻微、愈细心、愈慎重,受教育者因为这种触及对自己力量的信心就愈坚定,产生的信念和希望就愈强烈,就会更加敏感地接受集体对自己的影响。

这种微妙且不乏灵巧的教育影响,产生的重要前提,是使学生把心中的任何秘密告诉教师,得到教师的支持和帮助。正是这一前提,使师生之间的交谈与倾听,充满了精神上的亲切感和敏锐感。

2. 儿童的本性需要教师善于做一名"倾听者"

学生为什么愿意把秘密告诉教师?最重要的前提,是教师展现了一种愿意倾听、认真倾听的姿态,并且也让学生充分感受到了教师作为倾听者的存在，由此敞开了自己的心门。这种倾听的姿态，类似于苏霍姆林斯基的眼神，它是打开学生精神世界的一把钥匙。

作为倾听者的教师，先要成为好的观察者。他建议教师：

要仔细观察儿童生活，认真思考他们的表现和他们之间的关系，注意他们怎样对待父母和老师，这样你就会发现，孩子在本质上具有向你敞开心灵、倾吐自己感情和思想的精神要求。但是，你必须懂得：只有你任何时候都不请求或要求任何人来管束和制服孩子，他才会对你真诚地敞开心灵。

所谓的"管束"和"制服"，都是教师以压制代替倾听为前提，其代价不仅是教师失去对学生的倾听能力，也会使学生对教师"敬而远之"。

在苏霍姆林斯基看来，教师要真正走进学生心灵，应当是一个能够懂得和察觉青少年思想与情感脉搏的人：

如果教师走到少年身旁询问："喂，你在想些什么，请谈谈吧？"——这样做是会把学生给推开的。只有那种能与学生思想和感情一致，共同关心社会利益并与其休戚相关、苦乐与共的人才能成为少年的导师。只有当我和学生感受同样的思想和感情的时候，当我能够把自己心灵的一部分灌注到学生心灵中去的时候，我的心和学生的心达到了彼此了解。精神上的一致就表现在从自己的学生身上看到自己，看到自己的愿望与理想。如果我能够把自己心灵中的东西倾注到学生的心灵中去，那么学生就会来向我讨教并要求帮助，就会来向我倾吐衷扬。

学生的倾吐，需要从教师的倾听开始。苏霍姆林斯基举了一个例子：

还是在低年级的时候，季娜和柯利亚就成了我的朋友。和他们交上朋友以后，我了解了奇妙的少年世界中的很多东西。我懂得了，如果你能小心、细致而又温存地去轻轻触及少年的心，如果你能珍重他心中的隐秘，那么，这颗少年的心就会向你敞开。我愈是关心我的朋友们的欢乐和痛苦，他们就愈能信任地向我倾吐自己的秘密，并经常找我帮他们出主意。但必须善于替少年保守秘密，不要对他们的秘密表示出过分的兴趣，不要去过分探究他们的心灵。如果你要把少年的心"翻出来"，去追究连他自己都羞于承认的东西，去干预他身上具有深刻个性的一切方面——这些做法都是缺乏教育素养的明显表现。这会在少年和教导员之间筑起一堵高墙。如果少年向你这个教导员倾吐的秘密愈多，而你愈有办法保守这些秘密，那么，你在你学生敏感的心弦上就能弹奏得愈自如，你的学生对你懂得人情这一点也就会表示出无限的信任，同时他也会更强烈地渴望成为你心目中的好学生。

3. 培养用心灵倾听和感觉学生的能力

看来，要对准学生心弦的音调，进而在学生敏感的心弦上弹奏得自如，的确需要教师的观察与倾听的艺术。这是完善教师教育技巧的重要方面，其中的内核是教师需要培养自我用心灵来倾听和感觉学生的能力，它意味着：

要去努力洞悉人们话语里反映情感的潜台词。言语像眼睛一样，是心灵的镜子。我学会了在学生的话语中体会出种种最细腻的情感色彩：抑郁、惊恐、忧愁、孤独感、痛苦、懊丧、不满、不安。萨什科家里有时会发生争吵。我已经能够根据萨什科话语中的细枝末节猜度出他家里现在的情况。这个男孩子有时候讲述一本书的内容，这本书使他激动万分，我就以此来确定：他现在是高兴呢还是惊恐不安，也就是说，他家里现在是和平和宁静呢，还是与此相反，他的母亲正处于绝望之中。

作为倾听艺术家，苏霍姆林斯基对萨什科话语的倾听，是一个典型个案，展现了他独特、高超的倾听能力。在这里，所谓"高超"，不是一个虚飘、虚浮因而虚空的话语，支撑它的依据是"细腻"，从学生简单的一句话里，听出了"抑郁、惊恐、忧愁、孤独感、痛苦、懊丧、不满、不安"，这是何等细腻的耳朵，何等敏锐的心灵……

这样的心灵，是真正的教育者的心灵，他因此一定会拥有苏霍姆林斯基似的专注、温暖和坚定的眼神，它的背后，是一双倾听学生的心灵之眼。

苏霍姆林斯基如何培养学生的倾听能力

在苏霍姆林斯基的倾听世界中,学生倾听能力的培养始终是他关注的核心议题。但他没有就倾听谈倾听,而是将倾听与观察联系起来思考。在他看来,倾听能力首先是一种观察能力,对他人的倾听,原发于对他人的观察。作为倾听的观察,有两方面的价值:提升道德的敏锐性,促进智力发展。

学生是否具备一定的道德能力,常常与其是否具备敏锐性有关,这种敏锐性体现在观察与倾听的敏锐性上,尤其是对于他人,如自己亲近之人的"痛苦"的体察,有助于提升学生的道德敏锐性。理解亲人的痛苦能提高道德的敏锐性,这样的体察也有助于减少生活中的痛苦。假如我们大家都善于从他人眼睛里,从细微的、乍一看察觉不到的手的动作之中,从人的步履、呼吸,从人观察世界的目光中看到痛苦,那么,生活中的痛苦一般地会少得多。苏霍姆林斯基回忆道:

我高兴地回忆起我的一个班,我跟这个班整整生活了10年。我们一同去田里、草地、牧场,不仅去干点活,而且去观察人,从中学会观察人的心情,观察人的痛苦和苦难,为的是日后能帮助人。噢,有几个妇女站在一处交谈,其中有一位大娘(后来我们才了解到她的名字叫叶莲娜)立刻映入孩子们眼帘,她双手交叉在胸前,望着远方……"她在看什么呢?没什么东西可看呀,"蓝眼睛的小姑娘奥莉娅轻轻地说,"她心里可能有什么不痛快的事……"

后来我们了解到这位妇女历尽艰辛。她的丈夫、儿子、兄弟相继在前线牺牲了,小女儿又得了重病,在床上躺了好几个月了。战后几个月,她的妹夫从医院回来了,失去了双足……我们跟叶莲娜大娘交上了朋友。她对孩子们恋恋不舍,期待着孩子们能再来。当时我所关心的,是使我们发自内心的关怀不应有一丁点不妥当的地方。孩子们越是去关心他人的欢乐和痛苦,他们的目光就越敏锐,他们感受到的初次相遇的人的心灵就越细腻。

有一天,一群孩子们跑到我跟前,焦急地报告说,在学校附近的长凳上坐着一位大爷,他眼里充满悲痛、绝望,简直不想活下去了。孩子们跟老人家认识了,原来他遇到了莫大的不幸——老伴在医院去世了。

在学生们的焦急报告中,包含了观察和倾听所具有的道德激情与道德行为,它们影响了孩子通过眼睛的"看"和耳朵的"听"所作出的选择,面对眼与耳每天都可能遭遇的如此丰富的人与事,什么得以进入学生的眼帘,颤动或拨动他们柔软的心弦,而不是熟视无睹?对于教育者而言,最重要的是如何触发这种颤动,进而把这种颤动转化为道德的敏感,让道德的火把为这种因观察和倾听而来的激情火花所点燃,并在学生们未来的人生中持久地燃烧。

苏霍姆林斯基讲得很清楚:

对人要有感受,首先要理解他行为举止的动机。孩子们的许多行为举止,在我们成年人看来是该受到指责的,可往往是由于心灵上那种高尚的激情所促使。如果你不明白、没有发现这种激情,你就有可能扑灭那小小的、不易发现的人类高尚品格的火花。

如此,可以得出这样的结论:没有孩子细腻的观察与倾听,就没有道德意识、道德情感和道德能力。

作为倾听的观察,同样具有促进智力发展的育人价值。苏霍姆林斯基在《给教师的一百条建议》中,特别主张教师要学会教学生观察,教学生细看,避免不把观察当作一种积极的智力活动和发展智力的途径,而只当作证实某些题材和章节的手段。他明确提出,教学工作的水平,在许多方面取决于观察在学生智力发展上占什么地位。从观察中不仅可以汲取知识,而且知识在观察时活跃起来,由于观察,知识可以说是进入了流通领域,作为一种工具在劳动中获得运用。如果说,复习是学习之母,那么观察就是知识的理解和记忆之母。观察力强的学生,绝不会成绩不良或文字不通。善于帮助学生利用已掌握的知识不断进行新的观察的教师,能达到这样一种效果:学生的知识越"牢",就越巩固。

依据自身多年的教育实践经验,苏霍姆林斯基特别指出,观察训练可以尽早开始,学龄早期的观察训练,是智力发展的必要条件。低年级的学生更需要进行观察,这种训练之于学生的生命成长,如同植物需要阳光、空气和水一样。这里,观察是智能的极重要源泉。学生要理解和要记忆的东西越多,他们就越需要"看到",因而"听到"周围自然界和劳动中的种种现象和声音背后的各种关系和相互联系。他回忆道:

我教小学生时,总是教他们在平常的现象中看出不平常的东西,为回答为什么的问题而探寻和发现因果关系。

……二月,冬季的严寒袭人。但遇上了一个艳阳天。我们来到一个白雪覆盖的、寂静的果园。我对学生们说:"孩子们,仔细看看你们周围的一切。你们看得出春天就要到来的初步征兆吗？你们中间哪怕是最不细心的孩子也能发现两三个征兆。谁要是不仅看，而且想，便能发现20个征兆。谁要是会听大自然的音乐，便能听出春天已苏醒的旋律。你们看吧，听吧，想吧！"

我看到，学生们是多么仔细地在观察盖满白雪的树枝和树皮，是怎样倾听大自然的音响。每一个小发现都给他们带来愉快。每个人都想发现某种新东西。之后，过了一周，我们来到果园，而且每过一周就来，反复来了几次，每次在好奇的儿童眼前都展现出某种新东西。在低年级经受过观察训练的学生，会明确地区分懂和不懂的东西，尤其可贵的是，会积极地对待词语。教师从受过观察训练的学生口里，常听到种种有头脑的、令人意想不到的"哲理"问题。

要教学生观察和细看周围世界的现象。在大自然的急剧转变时期，要领学生到大自然中去；这时大自然正在发生猛烈、极速的变化——生命在苏醒，生物的内在活动在更新，强大的生命冲动能量在积聚。

如此对周围世界和大自然的观察，不仅倾听和感受到了生命苏醒、生命能量的积聚，作为倾听者和观察者的学生自身的生命能量，也在与之交互共生，实现新的积聚与增长。而与自然界的其他生物相比，作为人的学生的生命能量，具有非同一般的智力内涵。这种随着倾听和观察而日益增添与深化的智力，既是人类超越于其他生物之处，也是学生自我生命的超越——不断在对外界世界的倾听和观察中，实现自身生命层次和内涵的超越。这种生命的自我超越，具有无限可能，因为学生生命，置身于将倾听和观察作为内容、目标的学校教育与课堂教学之中——教育从来都是一项充满了无限可能的事业，它通过倾听和观察，赋予了学生生命无限的可能。

这是我们理想的教育：通过倾听和观察，创造了让学生相遇可能的教育。

苏霍姆林斯基眼中的音乐与倾听

除了通过对人际世界的观察与倾听，培养学生的道德能力和智力之外，苏霍姆林斯基还特别重视对大自然的音乐、旋律和乐音之美的倾听，视之为培养人的德育和智育的重要手段，以及心灵高尚和精神纯洁的源泉，因为音乐能使人看到大自然之美、道德关系之美、劳动之美……人借助音乐，不仅可以对周围世界而且也能够对自身的崇高、壮丽和美好获得认识。在这个意义上，音乐是自我教育的有力手段。

通过对同一批学生从幼年到成熟期的多年观察，苏霍姆林斯基确信，电影、广播、电视对儿童的那种自发的、无计划的影响，不利乃至有害于正常的审美教育，大量自发性的音乐影响则尤其有害。这触及了教育的真谛——对受教育者的有计划和系统的引导与改变。他认为，教育儿童的重要任务之一，是要使对音乐作品的感知，同那种能够使人借以理解和感受到音乐美的对背景的感知交替进行，同感知田野和草原的寂静、树林的飒飒作响、晴空百灵鸟的鸣唱、成熟麦穗的低声私语、蜜蜂和飞虫的嗡嗡之声等等，交替进行。这种交替进行的过程，实质上是人与音乐、与音乐中蕴含的自然世界，发生多重多层次的能量相互转换的过程，就是人在创作音乐旋律时从中摄取灵感源泉的过程。

苏霍姆林斯基眼中的"音乐",主要不是音乐家创造出来的专业性的音乐作品,也不是电影、广播、电视等媒体中的音乐,而是大自然的音乐及其独特、优美的旋律。他确信,从学校低年段开始,学生对大自然音乐的时常倾听,是语言感情色彩的最重要的源泉,也是理解和感受旋律之美的钥匙。孩子们聆听大自然的音乐,也就从感情上为合唱作好了准备。所以,在日常教育教学中,苏霍姆林斯基竭力使孩子们能在大自然中,辨认出与他们将要学习的歌曲相协调的音乐来:

离学校不远有一个优美的地方。这里,傍晚的天空映照在水波不兴、平静似镜的池塘里,草地上传来鸟的啼咯声;蝈蝈清脆的歌声迎来了暮色苍茫中的凉意。我们在学习乌克兰作曲家 Я. 斯捷波沃夫的歌曲《我的晚霞》之前,多次在这里聆听大自然的音乐。这一支歌出色地表达了对晚霞之美的感受。在它的旋律中,孩子们捕捉着夏日寂静夜晚迷人的音乐。正是在这个地方,我们学会了这支歌曲。孩子们想唱歌。后来,经过了几个星期,孩子们在音乐、歌曲和民族器乐室里演唱了这首歌。歌声唤起了他们对美丽晚霞的回忆,孩子们欢乐的面庞上流露出喜悦的心情。

在如此诗意盎然的大自然音乐的意境中,对教师提出的首要任务,是引起儿童对这种旋律的情绪和情感反应,随后使他们确信,音乐美的源泉在于周围世界的美,它由此也成为儿童美感的源泉。在这个音乐世界里,音乐与其说是"旋律",不如说是一种"召唤",召唤学生停下来,呼应并应答这一召唤:倾听它,欣赏它,融入它。那些大自然的外在之美,会在不知不觉中转化为学生的内在之美,变成他的自身之美,从此使儿童学会并习惯于在美的世界中生活,甚至离开了美就不能生活。更重要的还在于,使美的世界在孩子身上产生创造美的效应,能在人的身上创造美。这就是真正意义上的人了:

你停下来，听听大自然的音乐，欣赏欣赏世界上的美，要爱护这种美，并去增添这种美。多年的经验证实，人只有在孩提岁月才既能学会语言，又能掌握初步的音乐素养，即掌握感知、理解、感受、体验旋律美的能力。凡在童年错过的，很难乃至几乎不可能在成年岁月中去弥补。儿童的心灵对本族语言、对大自然的美和对音乐旋律，其敏感程度是相同的。如果在很早的童年能使他从内心感受到音乐作品的美，如果孩子能从音乐中领略到人在情感上的多种多样的细微变化，他就会提高到用任何其他手段都不可能达到的文化修养水平。对音乐旋律美的感受会向孩子揭示他自身的美——小小的人会意识到自己的长处。音乐教育——这不是培养音乐家，而是培养人。

这是作为教育家的苏霍姆林斯基和一般的音乐教师或音乐教育者的差别所在：不只是教给孩子们音乐的技巧、技艺和技能，更是在"三技"的传授中让真实的"人"、大写的"人"得以浮现和诞生。这其实就是"倾听着的教育"的本意了——不仅在于描述与展现倾听与教育的关系，更多的是展露出"倾听着的教育"如何指向育人、成人。对于苏霍姆林斯基而言，则意味着一种学校教育的目标：通过对大自然音乐的倾听，使学校教会人在美的世界中生活，使他离开美就不能生活，使美的世界能在人的身上创造美。

音乐与倾听相互交织的教育，之所以能够育人、成人，首先是因为它具有独特的疗治效用，可以有效地解决少年儿童的"粗暴无礼"、"心肠冷酷"、"心灵粗糙"或者"精神麻木"：

在柯利亚和米沙12～13岁的时候，我从他们身上感觉到了这些令人担心的迹象。我作了很大的努力来"磨炼"这两个少年的感情。为了能在这段时期内用人类不朽的精神财富充实这两个孩子的精神世界,我有意识地给他们看一些书,使他们的心灵更加细腻、敏感;我尤其注意在这段时期提高他们对音乐旋律的敏感。多年的经验使我确信,教师手中掌握着防止粗暴无礼、冷酷无情和缺乏道德素养的有力武器——这就是音乐疗法。冬天寂静的晚上,我把柯利亚、米沙以及另外几个和他们一样的少年邀请到音乐室来,我们一起欣赏格里格、柴可夫斯基和西比利乌斯的作品。在这几个晚上,我们很少说话——除非有时要解释一下音乐旋律所表达的意思,把少年们引导到音乐形象的世界中去。我高兴地看到:少年们的心灵渐渐解冻了,他们的眼神因受到崇高思想的鼓舞而闪现出光彩,充满了细腻而高尚的感情。

这种可以在疗治中育人与成人的音乐教育,在苏霍姆林斯基这里,还有一个基本的技巧——"比较":

……初秋,当清澈的大气中能清晰地听到每一种声音时,一到傍晚时刻我就和小朋友坐在碧绿的草地上,我让他们听了H·里姆斯基-科萨科夫的歌剧《苏丹王的故事》中的《野蜂飞舞》的旋律。音乐引起了孩子们情感上的反响。他们说:"野蜂一会儿近了,一会儿又远了。还能听见小鸟在叫……"我们又听了一遍旋律。然后去到正在开花的含蜜草地。孩子们听到蜜蜂的竖琴在演奏,雄蜂嗡嗡地叫个不休。那个毛茸茸的大雄蜂,时而在花上飞舞,时而落在花上。孩子们听了很高兴:这差不多就是录在唱片上的那个旋律,但是音乐作品里有一种特殊的美,这是作曲家从大自然中听来而又表现给我们听的。孩子们还想听一听唱片上的旋律。

过了一天,我们清早又到繁花似锦的蜜源地段去。孩子们倾听蜜蜂的演奏,竭力想捕捉雄蜂的嗡嗡声。在此之前他们觉得很平常的东西,现在显示出美来了——这就是音乐的魅力。

在此文即将结束之际，油然生发出一种歉意，请读者原谅，我在本文中充当了太多的"文抄公"和"搬运工"，引用了太多苏霍姆林斯基的话语，这一切都是因为他的经验、思想和话语，已经足够拥有"深刻的细腻"和"细腻的深刻"，已经充分展现出"充满激情的思考"与"充满思考的激情"，在他面前，我的表达近乎失声、失语，感觉自己其实已经无需多言了……

既如此，还是以苏霍姆林斯基的话来结束吧：

到自然界去旅行也丰富了我们的听觉和知觉。少年期和童年期一样，听大自然的音乐使我们感到极大的欢乐、赞赏和惊奇。春天草地上奏出的音乐在我们学生的心坎上留下了终身难忘的印象。从童年期起他们就熟悉这种音乐，不过现在能更细腻地感觉和感受它了。风和日丽的春天，当草地上铺上一层幼嫩的绿茵，当树木蒙上……

陶行知的"邀请式倾听"

作为20世纪中国教育界公认的教育家,陶行知的教育智慧,首先是一种倾听智慧。

有一个广为流传的教育故事:

育才学校音乐组的壁报《小喇叭》又一期出刊了。壁报前人头攒动,越涌越多。一定有一两篇有水平的创作发表了,同学们边看报,边议论,外围的人向里挤,里面的人不愿让,有人建议:"读一下,读一下吧!"只听得一个油腔滑调的声音开始朗诵了:"人生在世有几何?何必苦苦学几何。学习几何苦恼多,不如学习咪嗦哆!"歪诗不胫而走,传遍了全校,引起了争论,多种评价,褒贬不一。

陶校长知道了此事,也观看了小诗。次日,陶校长邀请小作者促膝谈心,和作者研究人生与数学的密切关系。从吃饭、穿衣谈到音阶频率的振动,直到国家大事,哪一件都少不了数学,离不开数学。因此,人人要学数学,数学对于人们就像人们离不开空气、水分、阳光、营养品一样的重要。

小作者听到陶校长的谆谆诱导,连连点头说:"校长,我这下真的明白了你为什么要我们同学把学好语文、数学、外语、科学方法论这四门功课作为开启文化宝库的'四把钥匙'的道理。我检讨，……"陶校长马上接过话头说："现在我们是民主讨论，不是审讯，你能认识问题，提高思想，就是进步。"小作者连连点头说："我们音乐组不少同学都有这种思想，让我去说服他们！"

陶校长眯着双眼放心地说了一句："好啦！我们今天的民主探讨到此结束。"

陶行知与小作者的交流，以典型的陶氏风格展现出了何谓"倾听着的教育"。

倾听是一种邀请："邀请小作者促膝谈心"，邀请不只是一种外在的姿态，更是内在的尊重，学生是"我"郑重邀请的客人，"我"把"你"邀请到身边，期待听到"你"更多的声音。通过这样的"邀请"，开启了建立"我"与"你"的交互关系的历程。

倾听是一种对话，而且是"积极性的对话"。"你"表达了对数学的观点，"我"也同样可以表达自己的理解，通过邀请，为"我"与"你"各自展示自己的观念提供对话平台。对话中的陶行知，充分倾听也理解了小作者的观点，但没有顺从，而是坚持合理的信念，并且试图以自己的观念说服对方，进而成功地实现了说服。成功的秘诀，不只是有事实有论据，更在于陶行知真诚的倾听态度和邀请态度打动了他，让他真切地感受到了什么是民主，什么是平等。

当然，这个故事中蕴含的陶行知式的倾听邀请，依然未尽其意。下面的教育故事，从另外的侧面和角度，展示了什么是倾听中的"邀请"。

有一天，一位朋友的夫人来看陶行知先生。陶先生热情地让她坐下，又倒了一杯茶给她，问道："怎么不带儿子一起来玩？"这位夫人有点气乎乎地说:"别提了,一提就叫我生气。今天我把他结结实实打了一顿。"陶先生惊异地问:"这是为什么?你儿子很聪明,蛮可爱的哩!"朋友的夫人取出一个纸包,里面是被拆得乱七八糟的一块手表。这表成色还很新,镀金的表壳打开了,玻璃破碎,连秒针也掉了下来。她生气地说:"陶先生,这表是才买的,竟被我儿子拆成这样,您说可气不可气!他才七八岁,就敢拆表,将来大了恐怕连房子都敢拆呢!所以我打了他一顿。"陶先生听了笑笑说:"坏了,恐怕中国的爱迪生被你枪毙了!"夫人有点愕然:"为什么呢?难道我这样做不对吗?"陶先生摇摇头。夫人又接着问:"陶先生,您是大教育家,您说对这样的孩子该怎么办呢?"陶先生把拆坏的表拿过来,对夫人说:"走,我们上你家去,见见这个小'爱迪生'。"到了朋友家里,陶先生见到那个孩子正蹲在院子的大树下,聚精会神地看蚂蚁搬家。夫人一见又来了气,正要骂他,陶先生立即劝住了。陶先生把孩子挽起来,搂在怀里,笑嘻嘻地问:"你为什么要把妈妈的新表拆开来呢?能告诉我吗?"孩子怯生生地望了妈妈一眼,低声说:"我听见表里的嘀嗒嘀嗒的声音,想拆开看看是什么东西在响。我错了,不该把手表拆坏,惹妈妈生气。"陶先生说:"想拆开看看是什么东西在响,这没有错。但你要跟大人说一声,不能自作主张。来,你跟我一起到钟表店去好吗?"孩子又望望妈妈,说:"去店里干什么?"陶先生说:"去看师傅修表啊,看他怎么拆,又怎么修,怎么装配,你不喜欢吗?"孩子高兴得跳起来:"我去!我去!"陶先生拿着那只坏表,带着孩子一起到了一家钟表店。修表师傅看了看坏表,说要一元六角修理费。陶先生说:"价钱依你,但我带着孩子看你修,让他长长知识。"师傅同意了。陶行知和孩子站在旁边,满怀兴趣地看师傅修表。看他怎样拆开,把零件一个个浸在药水里;又看他加油后,把一个个零件装配起来。从头到尾,整整看了一个多小时。全部装好后,师傅上了发条,表重新发出清晰的嘀嗒声。孩子高兴地欢叫起来:"响了,响了,表修好了!"陶先生临走又花一元钱买了一只旧钟,送给孩子带回去拆装。孩子连声说:"谢谢伯伯!谢谢伯伯!伯伯真好!"陶先生把孩子送到家后,孩子立即跳呀蹦地跟妈妈说:"妈妈,伯伯买了一只钟,让我学习拆装呢!"那位朋友的夫人不解地问:"还让他拆啊?"陶行知笑笑说:"你不是问我对这样的孩子该怎么办吗?我的办法就是,把孩子和表一起送到钟表铺,请钟表师傅修理。这样修表铺成了课堂,修表匠成了先生,令郎成了速成学生,修理费成了学费,你的孩子好奇心就可得到满足,或者他还可以学会修理咧。"

陶先生停顿了一下,接着说:"孩子拆表是因为好奇心,孩子的好奇心其实就是一种求知欲,原是有出息的表现。你打了他,不是把他的求知欲打掉了吗?与其不分青红皂白地打一顿,不如引导他去把事情做好,培养他的兴趣。中国对于小孩子一直是不许动手,动手就要打手心,往往因此摧残了儿童的创造力。我们应该学习爱迪生的母亲,那么理解、宽容孩子,那么善于鼓励孩子去动手动脑,这样,更多的'爱迪生'们就不会被打跑、赶走了。"夫人听了恍然大悟,她不好意思地笑了一下,诚恳地说:"陶先生,您说得对,太谢谢您了,我今后一定照您的办法去做。"

这个故事同样广为流传。如果从倾听的角度解读,首先显现出的是一种鲜明的对比:同样作为教育者,夫人的倾听与陶行知的倾听有什么不同?

最大的不同,在于两人的倾听立场不同,夫人的立场是自己和手表,生气于孩子拆坏了自己刚买的手表,进而担心可能将来还要拆自己的房子,这些都是外在于孩子的。或许,夫人会给孩子辩解的机会,也会倾听,但这只是象征性的,因为她早已将孩子的行为和话语预设为"不好"和"错误"的。陶行知的立场是孩子,他见到孩子的第一个行为,就是"把孩子搂起来,搂在怀里",从而展示出了一种"邀请"的姿态,做出了三次"邀请"的行为:第一次邀请,请"你"说一说自己的想法——"为什么要把妈妈的新表拆开来呢？能告诉我吗？"第二次邀请，请"你"去钟表店，看看师傅怎么修表，看他怎么拆，又怎么修，怎么装配。第三次邀请，请"你"把旧钟拿回去，学习拆装。

倾听立场不同，听出的内容和结果就迥然不同。夫人听出了孩子的调皮捣蛋，但实质上听出的还是自己原来的需求，结果是"一无所听"，打掉了孩子的求知欲，打跑、赶走了未来的"爱迪生"；陶行知听出了孩子的胆怯，立即予以安慰，"想拆开看看是什么东西在响，这没有错"，更重要的是听出了孩子的好奇心，听出了他的需要，即刻通过"邀请"来满足他的好奇心和需要，同时又没有一味地偏听和顺从，不失时机地表达了自己的态度："但你要跟大人说一声，不能自作主张。"结果是孩子在欢天喜地、不知不觉中进入了修表铺这一课堂，修表匠成了先生，自己成了速成学生，修理费成了学费……孩子从中既学到知识，也懂得了道理，受到了双重教育：钟表维修知识与技能的教育，如何与家长沟通交流的教育。

这是陶行知的倾听艺术，核心是一种邀请的艺术，把学生邀请进教师的生命中的艺术。

作为倾听艺术家的陶行知，始终相信，并且不断地让更多的"夫人"和教育者相信：

你的教鞭下有瓦特，你的冷眼里有牛顿，你的讥笑中有爱迪生。你别忙着把他们赶跑。你可不要等到坐火轮、点电灯、学微积分，才认识他们是你当年的小学生。

第三辑 教师的倾听能力

教师的倾听力与教育力

"我是你的孩子,所以你要倾听我的话。请不要笑,这不是让你笑的,而是让你听的,否则我不原谅你。"

说这话的是一个美国小姑娘,她还在读幼儿园。

如此不失强硬的话语,表达的不只是孩子的不满、抱怨,甚至愤怒,还有隐含的期待和吁求:请听我说!这种对教师和成年人的吁求,在教育世界里并不鲜见,只不过大多数处于被压制的状态,无法像这个小姑娘一样,以这般鲜明直白的方式表达出来。

这是学生对教师的教育需求:请你倾听我的话,请你认真、仔细地倾听我……

无形中,是否满足学生的被倾听需求,成为学生衡量教师,是否信任、尊重、喜爱教师的一种标准。

对教师而言,更重要的在于,是否具备足够的倾听力,影响甚至决定了教师是否具有强大的教育力。

有强大教育力的教师,是能够将爱与听融通起来的教师。没有爱,就没有真正的教育。教师有无对学生的爱心,是教育能否成功的前提。然而,没有教师对学生的真心、用心、专心的倾听,这样的爱心就无从谈起，我们无法想象一位声称"爱学生"的教师，却不愿、不会、不能倾听学生。我们无法想象没有倾听的爱……谁在教育教学过程中，失落了听，也同时失落了爱，因为没有了听，就意味着对学生的疏离、漠视，甚至无视……

有教育力的老师，往往都有爱的本能，也有倾听的本能。他的"爱"通过时刻把耳朵朝向学生后的"倾听"来表达。在这种包含了爱的倾听里，不仅容纳了丝丝缕缕的关注、同情、悲悯，还容纳了深深的谦逊与宽容，无条件地接纳来自于学生的各种纯真与纯粹、稚见和异见、喧嚣与躁动，这是真正的对学生之爱了：不论学生何种身份、背景、长相、气质，也不论学生的成绩好坏、对老师的态度如何，都不加选择地爱他们，倾听他们的言说和心声。

有强大教育力的教师，是可以将智慧与倾听融通起来的教师。

教育智慧，从来与倾听智慧不可分割。在叶澜看来：

教师是否善于倾听，善于发现学生问答中富有价值和意义的、充满童趣的世界，体验学生的情绪，就成了教师能否组织好动态生成中的课堂教学的首要条件。试验教师在培养学生提问能力的同时，也逐渐学会倾听课堂里学生的心声和发现课堂的活力，教师的教育智慧就在这样的过程中逐渐生成。

倾听之所以与"智慧"有关，在于它具有丰富的"思维含量"，有人具体分析道：

教师倾听时，总是伴随着观察、辨别、判断、选择。倾听中，教师的外表是从容的，而脑海里是不平静的，在最短的时间内，甚至在瞬间必须作出教育的决定，或是肯定后的点拨，或是以此展开的议论，或是片刻沉静中的回味、思索，或是借景抒情，或是借题发挥，总之，无不闪现着教师的教育敏感、教育机智和教育艺术的光彩。有时，倾听本身就是处理教育事件的艺术和智慧。缺乏思维的倾听，就失去了意义，失去了活力，最终成了空壳和形式。

基于叶澜对于教育智慧的认识，从倾听的眼光看，形成教育智慧的老师，具有通过倾听敏锐感受、准确判断生成和变动着的课堂教学中最有价值、最鲜活的信息的能力，具有通过倾听敢于抓住时机，根据实际态势及时作出抉择的魄力，具有在倾听过程中善于转化教育矛盾和冲突，调节自己的教育行为以求最佳效果的机制，具有借助倾听吸引学生积极投入学校生活，热爱学习和创造，并愿意与教育者进行心灵对话的魅力。达到如此境界的老师，必然是能够将高超的对话能力、倾听能力、教育能力融为一体的老师，是日常工作充满了创造的智慧和欣喜的老师，也是能在具有智慧内涵的倾听与回应中，感受到精神的满足和享受的老师。

这样的老师，会当学生精神不振时，使他们振奋；当学生过度兴奋时，使他们归于平静；当学生茫无头绪时，从学生的眼睛里读出愿望。这样的老师，总是能够听出学生回答中的创造，不断觉察出学生细微的进步和变化，善于用不同的语言方式让学生感受到关注、感受到教师的同在，并因此始终能够使学生觉得教师的精神脉搏与他们一起悦动和欢跳……

有强大教育力的教师，是得以通过倾听与学生形成共生共在关系的教师。师生关系，不是以谁为中心的关系，不是谁围绕着谁转的关系，因而不是彼此割裂、相互对立的关系，而是一个"共生共在"的关系，是一种"共生体"——因为课堂是师生共生共长的生命场与家园。这样的共在关系与"共生体"的生成，不是单凭教师一厢情愿的说教所致，它需要学生的积极参与和发自内心的认同，需要感受到来自于教师那里的倾听与回应。当教师认真倾听学生，学生必然会感受到教师倾听中的尊重、信任和

虚心,这是教师应有的教育品质:

其一是尊重。尊重是人性的起点。尊重比什么都重要。以学生发展为本,从尊重学生开始,尊重不妨从倾听学生的倾诉开始。教师的倾听,常常使我们有美妙的想象:认真,微侧着头,脸上带着微笑,给学生以尊重、鼓励、赞许。其二是信任。尽管学生言说时,不流畅,不清楚,不准确,甚或有错误,教师总是耐心地、专注地倾听。这是宽容,是信任,也是一种乐观的期待。教育急需教师对学生的宽容和信任,期待的目光和神情定会感染学生、感动学生。其三是虚心。学生不仅仅是受教育者,对话的平台是用民主、平等的砖石搭建的,其中透着教师把自己当作受教育者的理念,折射着虚心听取意见的品质。倾听是教师的一种品质,教师的这种教育品质使教师更像学生的知心朋友、可信赖的伙伴、值得尊敬的长者。

一旦学生产生这样的心理感受,自然会心向教师,逐步与教师建立起情感和思想的纽带,且日趋牢不可破。

通过倾听而实现师生共在,是师生双方共同的责任,双方各自通过倾听向对方表明——我听故我在,展现由于倾听对方而来的在场感、存在感。但作为"平等中的首席"的教师,负有首要责任,他需要通过绵绵不断的倾听与回应,告知并召唤学生:我听故我在,我听故我们同在。

只有让学生通过教师无微不至的倾听,感受到教师与他同在共在,我们的教师才更能够感染学生、打动学生、改变学生和发展学生,才能充分展现出教育的伟力。

积极式倾听与消极式倾听

英国哲学家柏林曾经区分出两种"自由"——积极自由与消极自由。积极自由是指个人有干什么的自由,例如,我有追求爱情的自由,获得幸福的自由等。消极自由指的是个人不受外部力量干涉和控制的自由,例如,我有不被他人侮辱或殴打的自由。

强调"积极自由"的人,关心的是"谁统治我"、"谁控制我"、"谁有权决定我是什么人和不是什么人"、"谁有权要求我可以做什么,不可以做什么,以及应该怎么样"。

主张"消极自由"的人,关注的是"政府或他人干涉我多少"、"我可以自由地成为什么"或"我可以自由地做哪些事"。

一言概之,"积极自由"以"做自己的主人"为宗旨,"消极自由"则竭力争取"不让别人妨碍自己的自由"。

柏林的理念转换了我们对于"积极"与"消极"的传统认知,从观念而不是心态的角度,赋予了这两个词中性含义。

回到教师的倾听方式,这种对自由的划分不无启迪,共同之处在于都涉及到如何协调处理"外在与内在"、"他人与自我"的关系,以及"主动"与"被动"的关系等。

在教师这里，就是师生关系。

如果回到通常对于"积极"与"消极"的理解，以此观照教师的倾听，可以在常识的意义上区分出两种教师的倾听——积极式倾听与消极式倾听。

通常意义上的积极与消极，首先是一种心态。日本作家渡边淳一在《钝感力》一书中，讲过这样一个故事：有一家日本医院的院长，是外科医生，人称"日本第一刀"，很多人慕名而来，拜他为师。这位院长虽然专业上很厉害，但最大的毛病是脾气暴躁，动辄批人甚至骂人，把学生骂得狗血喷头，抬不起头来，很多人受不了，纷纷离去……唯独有一位男生留了下来，直到院长退休，他继任新院长，成为全日本新的"第一刀"。之后的一次同学聚会，当年那些离开的学生好奇地问他：为什么老院长如此谩骂痛骂，把人骂得都没有尊严和人格了，你竟然还能够一直坚持？他的回答很简单：我在跟老院长一起做手术的时候，不是把注意力放在不断地咀嚼因为他骂了我由此带来的痛苦感受上，而是将重心放在认真仔细地观察学习老院长动手术的技能技巧上。显然，促使这位学生成功的关键，就是"心态"，积极主动的心态。

对于教师的倾听而言，消极的倾听，是一种封闭的心态，从教师自我的需求和眼光出发，去捕捉、选择、剪裁来自于学生的声音，所有对学生的听，都出于教师的预设，进而把收取的声音强行拉入早已设计好的频道、频率之中，不在此范围内的声音，常常招致被过滤、被屏蔽进而消逝的命运。这样的倾听，无非是一种验证，验证教师原有的意愿、设想是否合理，验证教师自己的声音是否清晰、准确……这种预设和自我验证式的倾听，是一种"偏听"，它导致教师带着原先预设的音调，以封闭的心灵和实质上失聪的双耳，与学生交流，教师背后的假设是学生只能从自己这里学习，而自己不会从学生那里学到任何新东西，其结果是教师只能听自己愿意听的或者自己所相信的和已知的。

这样的倾听，是一种旁听，不能进入学生的生命之中，聆听其内在的真实的声音，而是站在学生的外面，且听且看……它不是以邀请的姿态，把学生邀请进来，进入一种独特的师生共生体之中，在双方声音的彼此谛听中相互辨认、相互理解，进而实现师生之间声音的交织、交汇和交融……而是以排斥和拒绝的方式，把反映了学生真实需要和吁求的声音拒之耳外。归根到底，它是一种以教师自我为中心的独享式倾听，而不是对话式倾听。因此，这样的倾听，留给学生自主发声的时间、空间与权利都不多，教师的声音实际上变成了对学生声音的控制、压制，甚至宰制，最终让学生自己的声音湮没无闻。

积极的倾听，截然相反。教师朝向学生，全然开放自己的耳朵，而不只是要求学生打开他们的耳朵，朝向自己，这是一种平等和宽容的态度，接纳和开放的心态，邀请和引入的姿态。这样的倾听，是真正的心中有学生，心中容得下学生的各种声音：喜悦、悲哀、绝望、顺从、抵触、抗拒……并以此听出学生的欲望、问题、困难和障碍，听出学生的发展需求、发展空间、发展路径。它表明了一种对理想教育的诉求：把声音敞现、发送、交流、评价的主动权、创造权还给学生。这样的倾听，如果采用柏林的观念，就是赋予学生以"消极自由"，少一些干预，多一些包容。但这并不意味着教师对学生的无条件顺从，因而放弃自己的主张和观点，正如伽达默尔所言：

这并不是说，当我们倾听某人讲话或阅读某个著作时，我们必须忘掉所有关于内容的前见解和所有我们自己的见解。我们只是要求对他人的和本文的见解保持开放的态度。

教师不一定要时时、处处、事事把自己的主张强加给学生，但依然要对学生的观点和话语作出判断，表明自己的立场和态度，在允许学生有自己的立场与态度的对话中实现彼此介入和参与。这样的倾听是一种介入性、建设性的听，因而是主动性的听。

教师在积极性倾听中展现出的"主动性"的另一个方面，在于教师倾听不仅仅要听到学生的声音与观点，更重要的是要主动听到学生的生命存在，换言之，这种主动性在倾听与精神生命的发展之间建立起实质性的联系。倾听面对的是人的生命存在，倾听是揭示、回忆和思考人的存在的可能性的重要手段。倾听的任务是领悟被听者。通过倾听，教师领悟到学生是生命的存在。这意味着作为倾听者，教师不仅是旁观者，而且是行动者、创造者。教师将通过倾听去参与学生的成长、参与创造学生的声音。

这种参与实际上是一种共同参与，或双向参与。参与的过程就是创造的过程。如果教育教学是一部交响乐，无论是乐谱还是乐声，师生都是共同的创作者，无论是校园，还是教室，都是师生共同创作教育交响乐的乐场。它实际上也是生命成长交响乐的乐场。它不是教师的主宰领地，而是师生彼此倾听，彼此介入，彼此交汇之地，其中内含了无限生成的可能性。师生对话互动中出现的各种声音的音调、音频、音量，具有无限可能性，这是教育可能性、生命可能性的源泉。

封闭式倾听与开放式倾听

封闭式倾听的命名，说明教师不是不听，只是"封闭式"的听。这里的"封闭"既是心态，也是行为，更是习惯。它常常表现为教师出于自身的需要，以一己之需要、喜好、习惯，或已有的某种观念、方法和相应的体验，去引发学生的声音，目的却是把听来的学生声音封入自己预设的频道里，加以闭合，从而让其只能在这个频道上发声或显现，接受教师的筛选和评价。这是倾听意义上的"请君入瓮"。在此过程中，教师可以任意打断、终止学生的声音，强迫学生沉默，转而聆听自己的声音……它是一种双重闭锁：既是对学生的捆绑束缚，也是教师自我的"闭关锁国"。其结果是双重窄化：教师和学生的精神世界在相互闭锁中共同窄化。

开放式倾听，首先开放的是教师的心态，先打破自己的成见，以宽容和接纳的态度，打开并激发学生的声音。有老师回忆道：

信息技术课是小朋友们现在最爱上的课了，因为电脑能带给他们无穷的乐趣。记得每次上完信息技术课，总有一些小朋友会问我这样那样关于电脑的问题，有的是他们在家里电脑上碰到的问题，有的是自己在上课时遇到的问题。有一次，我在一年级上了一堂关于电脑病毒的课，告诉他们一些怎样预防电脑病毒的小知识，他们听得可认真了，一下课，就把我围了起来。有的学生说："王老师，我们家的电脑装的是金山毒霸的软件来杀毒的。"有的说："王老师，我们家的电脑有一次一直是黑屏，打不开，是不是有病毒了呢？"……我顿时被他们七嘴八舌的问题搞昏了头，我该先听谁的问题，又先回答谁的问题呢？我没想到他们会对电脑病毒那么感兴趣，那么多小朋友拉着我，不让我走，有的是要向我倾诉，有的是要问问题，看着他们焦急的眼光，我只得坐下来听他们讲他们遇到的电脑小故事。虽然短短的下课时间听不完他们的故事，但看得出来有的小朋友说完自己的故事后是那么的开心，自己遇到的问题也有了答案，于是我决定下次有空余时间继续听他们讲完自己的电脑小故事。

我们的孩子虽小，但是在他们的小脑袋里已经有了自己的想法，作为老师如何了解孩子的世界呢？我想首先要有耐心，当孩子向你倾诉时，你应该当一名好听众，先让他尽情地宣泄一番，不要随意打断孩子的话语，千万不要表露出不耐烦的情绪，要知道孩子十分敏感。为了表达自己对孩子谈话内容的关注，我经常在孩子说话时使用"噢"、"是吗"、"后来呢"等词语，鼓励孩子继续说下去，有时还进一步询问有关细节，这会让孩子觉得你确实是在关注他。这样，他才会更乐意地向你倾诉。其次，对孩子的感受表示共鸣，共鸣意味着你和孩子有同感，你是理解他的，你能从孩子的角度去看待事物。当孩子觉得老师能理解他的感受时，他会觉得你很亲切，并且会很乐意接受你进一步的建议和帮助。最后，要让孩子明确地知道你的态度，孩子向你倾诉是想听听你的想法，并由此去调整自己的行为。因此老师们听完孩子的倾诉，切不能不了了之，而应诚恳、直接地将自己的想法告诉孩子，要使用孩子能够理解的语言，要简洁明了，不可含糊不清，这才会给孩子以实际的帮助。

我想告诉大家，做个善听的老师真好！

这位老师的倾听技巧，就是从开放开始的，而且是要让孩子感受到教师的开放。她展现出了三个策略：

第一个策略，展现耐心。包括"不要随意打断孩子的话语，千万不要表露出不耐烦的情绪"、"在孩子说话时使用'噢'、'是吗'、'后来呢'等词语，鼓励孩子继续说下去，有时还进一步询问有关细节"等，目的是让敏感的学生觉得教师确实是在关注他，如此，他才会更乐意向教师倾诉。

第二个策略，表达共鸣。这不仅意味着对孩子的声音倾听之后有"回响"，而且是与学生有"同感"的回响，让他感受到教师的理解——明白了他表达的意思和意愿。由此带给学生以"亲切感"，激发学生更强烈的"倾诉欲"和"表达欲"，发出更多的声音，成为教师的倾听资源，并转化为教育资源。

第三个策略，表明态度。这是倾听学生之后的"进一步"回应，不只是引发学生继续表达，更要对学生的表达提出自己的看法和建议，且尽可能清晰简练。让学生感受到教师的倾听，既是在理解他，也是在帮助他。

这样的开放策略，目的在于"放"，尽可能放出学生自己的声音，包括提问的声音，质疑的声音，困惑的声音，评价的声音等，以此开显出学生的需要、困难、障碍，以及生命成长与发展的可能性等。所有的"放"，都可归结为一个字："让"，让学生"说"——"让问"、"让疑"、"让评"……这可能就是开放式倾听的真谛了。打破教师的倾听成见与预设，真正把耳朵转向学生，通过"放"和"让"，"开"出属于学生自己的声音，"开"出新的教育资源、教育路径、教育方法，最终"开"出新的生命成长与发展的可能。

独白式倾听与对话式倾听

至今还记得当年阅读《我与你》时的触动，不是那种撞击性的震撼式的触动，而是如同心弦被略微拨动带来的触动，它带来了长久的心灵回响，仿佛水波涟漪，徐徐不散……马丁·布伯在书中提到了被后人反复研讨的"对话"：

真正的对话——无论是开口说话还是沉默不语——在那里每一位参与者都真正心怀对方或他人的当下和特殊存在，并带着在自己与他们之间建立一种活生生的相互关系的动机而转向他们。

这可能就是何以是"对话"的真意了：彼此转向对方，心怀对方。以此为基石的倾听，是对话式倾听。它的底蕴是一种开放性的关怀，把自身向对方敞开，同时接纳对方的敞开，尤其是接纳他的吁求。因此，伽达默尔如此说：

在人类行为中最重要的东西乃是真正把"你"作为"你"来经验，也就是说，不要忽视他的要求，并听取他对我们所说的东西。开放性就是为了这一点……谁想听取什么，谁就彻底是开放的。如果没有这样一种彼此的开放性，就不能有真正的人类联系。彼此相互隶属，同时意指彼此能够相互听取。

对话式的倾听，展现出了倾听的对话本质，它意味着"彼此开放"中的"相互听取"，从而展示出与独白式倾听的根本区别。独白式倾听虽然有对他人的听，但目的还是为了自我的言说和表达，因而沦为言说者的自言自语、自说自话、自作主张……更主要的区别，在于对话式倾听具有成人价值和教育价值。这种价值生成的源泉，来自于对话的三大特质："直接"、"相互"和"动态相遇"。理想的对话式倾听，将在师生彼此之间的直接和动态相遇中相互成就、相互玉成。由此生发了一种理解和看待倾听的"教育尺度"，哲学家、心理学家、社会学家、人类学家，甚至社会大众，都可以对倾听言之凿凿，滔滔不绝，但往往缺失"教育尺度"，没有看到倾听的教育内涵和教育意义，以及"对话"赋予倾听的独特价值。

对话式倾听的教育价值，需要在日常课堂教学中具体挖掘和转化。相对于"独白"而言，"对话"对于教师的倾听能力是一大挑战，它需要倾听意义上的教育智慧。教育智慧，实质上是一种基于对话的倾听智慧。

如同有人说的那样，教师倾听作为一种实践智慧，它的生成并非易事，因为教师的意见、观点、成见、冲动、偏好以及背景总是干扰教师的倾听，使教师无法聚精会神和保持内心的宁静。若要理解学生，教师必须有一颗谦虚的心，但实际上教师精神、心理上的种种偏见以及生活中的担忧、欲望或恐惧，使教师有时只能听到自己发出的声音，而听不到学生说的话。

基于对话的教师倾听智慧的生成，需要具备四个前提条件，它们同时也构成了对话式倾听的四大特性，即反思性倾听、敏感性倾听、换位性倾听、参与性倾听。

（1）反思性倾听。要求教师首先对自身的成见或前见有所警觉，它们常常成为教师倾听的干扰或阻碍因素。伽达默尔曾经指出：

> 我们的理解总是受到前见的制约，我们的前见解是否正确一直处于悬而未决状态。如果我们想真正理解他人、倾听他人的话，我们就必须敞开自己，反思自己的前见的正确与否。只有通过解释学的反思我才能自由地面对自己，可以自由地考虑我的前理解中哪些可以被证明为正当，哪些则是不能证明的。而且只有按照这种方式我才学会对以前通过受偏见影响的眼睛所看到的东西获得一种新的理解。

在倾听过程中，教师的前见，包括已有的价值观、情感和思维方法。

在价值观上，体现为教师对"好教育"、"好学生"、"好课"的理解。例如，如果他眼中的"好学生"是听话、顺从的学生，眼中的"好课"是教师主导的课，那么，他的倾听方式必然趋向于独白式倾听。

在情感上，如果教师喜好某一个或某一类学生，他的倾听之耳就会不由自主转向他或他们，同时造成对另一个或另一类学生的"忽略"和"屏蔽"。

在思维上，教师的思维习惯，如习惯于点状思维、割裂思维、二元对立思维、非此即彼思维等简单、浅度思维，还是关联思维、整体融通思维、综合渗透思维等复杂、深度思维，也会对教师的倾听方式，造成直接影响。

所有的"前见"，都是在教师的背后，以隐匿的形式支配、主宰着教师的倾听意识、行为和习惯，如同海德格尔所言，看不见的常常支配看得见的。所谓"反思"，表面上依然是在教师内心以同样隐匿的方式进行，但实质上，反思是一种显现或敞现，将这些隐匿之物彰显于光亮之地，成为思考聚焦的对象，判断其合理性，探究改进之道。对话式倾听中的反思,与独白式倾听中的反思,不同之处在于,它不是个人的苦思冥想,而是在直接、互动相遇中构筑的师生关系、师生对话中的反思,它要求教师只有参与到真实、具体的对话中,在与学生的见解、情感和吁求的关系之中,才能反思判断自身前见的合理、正当与否。这意味着,处在对话式倾听中的教师,需要依据具体对话情境的变化,随时反思和调整自己的倾听行为、倾听习惯,逐渐累积倾听经验,生成倾听智慧。

(2)敏感性倾听。要求教师时刻对自己的前见和学生的话语保持敏感性。人不可能没有前见,更不可能完全抛掷或悬置自己的前见,只能时刻对其保持警醒。即使当一个人悬置一两个前见时,他仍会产生新的前见,正如伽达默尔所言,前见是我们的存在,它是永远不会消失的。时刻对前见保持敏感性的首要前提就是时刻保持一种开放的态度和秉持一种关系思维:

我们只是要求对他人的和本文的见解保持开放的态度。但是,这种开放性总是包含着我们要把他人的见解放入与我们自己整个见解的关系中,或者把我们自己的见解放入与他人整个见解的关系中。

除此之外,倾听还需要时刻对学生的话语保持敏感性,它希望教师对学生的声音的特点、变化以及隐含的意义保持警惕。如同我过去所言,对来自于学生的每一种声音的方向、特点和隐藏的变化趋势保持敏感。这样的倾听是面向瞬间性的倾听,它希望抓住生命发展中那些不可重复的瞬间。缺少了专注和警觉,那些瞬间会随时消逝。而教育的机会和个体发展的机会就蕴藏在无数个瞬间里。

(3)换位性倾听。要求教师深入了解学生的话语本意。教师需要意识到由于前见的不同,学生的真正本意会与教师所认为的学生的本意存在或多或少的不同,教师经常会以自己的想法来裁剪、扭曲甚至篡改学生的本意，所以教师需要去进一步辨别和理解学生的真正本意。为此，学会换位思考和换位倾听就势在必行。在《倾听着的自我》的作者列文看来，学会换位思考是倾听他人真正本意的必然前提，而拒绝换位思考就意味着拒绝倾听：

倾听他人讲话就是站在他人的位置上了解世界的真相，倾听就是变换位置、角色和体验。拒绝这个转换性就是拒绝倾听他人的观点。

教师需要将心比心，洞察学生真实的需要和声音，设身处地地为学生着想，推己及人，需要不断地追问：如果我是学生，我会怎么样？我如何依据学生的想法和做法，调整自己的想法和做法？

这种在将心比心、设身处地中追问的过程，本身是一种对话的过程，意味着教师在内心与学生展开了对话之旅……

（4）参与性倾听。要求教师以真诚与谦逊的态度，积极投入到倾听过程之中。所谓"积极"，不仅是教师要对学生的话语有所回应，还需要倾情、倾心参与到学生的思想与精神的建构过程之中，把倾听与回应的过程，变成塑造和改变学生精神生命的过程，这是倾听中教师的"参与"本意：参与到学生生命成长与发展的过程之中。这样的参与，是一种教育性的参与，是具有教育力量，因而具有生长力量的参与。

无论是反思性倾听、敏感性倾听、换位性倾听，还是参与性倾听，都只是教师生长倾听智慧的前提条件，还不能涵盖与倾听过程相关的策略、方法等操作智慧，它们更多地体现在生成式倾听之中。

预设式倾听与生成式倾听

人们常常把"预设"与"生成"作为相对面并置，这里的"相对"不是"对立"，两者关系如何处理，影响到了教育倾听的质量。

虽然教师的倾听要摆脱教案意识，不能一味跟从预设走，但并不意味着无须预设。倾听中的预设，围绕的核心是"听学情"。至少需要四个方面的倾听预设：

一是听出学生已有的。包括已有什么知识、能力、方法、习惯，以及对什么有兴趣和需要，对什么没有兴趣和需要等。

二是听出学生可能的缺失。特别是基于教学目标达成的缺失，缺什么就给他们在课堂上补什么。

三是听出学生可能的困难和障碍。所有书本中、教参里的学习难点、障碍点，都无法替代教师自己的耳朵在现场中的具体倾听。

对学生学习困难和障碍的预设式倾听，目的不只是"发现"，更是"转化"：

转化为"教学目标"，解决学生的学习困难和障碍，是本节课的教学目标；

转化为"教学方法"，不是基于教学内容的教学方法，而是基于学生学习困难障碍解决的教学方法；

转化为"教学环节"，基于学生的难点障碍点，设计先教什么，再教什么，后教什么。

四是听出学生可能的差异。同样理解和掌握某一知识、技能和方法，本班学生可能会有什么差异，又该如何利用这些差异等。

教师带着如上预设走入课堂……

教学过程中倾听的主要任务，是对课前的种种预设进行验证，进而变成教学反思的核心内容：哪些对学生的倾听预设是意料之中的，哪些是意料之外的？由于本堂课对学生的倾听，听出了哪些课前预设没有想到的？通过这节课，哪些"我"对学生的听，逐渐从抽象到具体了，哪些从模糊到清晰了，哪些从不准确到准确了？这些更加具体、清晰和准确的听，将变成下节课的倾听预设，因此又进入一个新的倾听循环……

从预设到生成，从预设式倾听到生成式倾听，对教师是一个更大的挑战。如同有人所言：

在倾听学生发言的过程中，一位好的教师能敏锐地发现学生理解上的偏差、学生的疑惑、学生经验背景中已经拥有和仍然缺乏的东西，从而判断学生理解的深度，并决定需要由教师补充哪些有关作品的背景性介绍。通过倾听学生，一位好的教师能准确地判断学生们是否已基本充分交流完他们所能想到和理解到的一切，从而果断地决定在何时介入讨论，以何种方式介入。通过倾听学生，教师还能对各学生的理解水平有一个大致的了解。实际上，正是通过倾听学生，通过关注学生的即时表现、学生的观点和发言，通过关注学生的兴奋与疑惑，教师才能对自己何时参与、如何参与作出决策。

生成式的倾听，重点解决的是如何处理和应对从学生那里听来的资源，如精彩资源、另类资源、错误资源、差异资源等。这是一种积极的倾听，是主动捕捉、辨析、提炼、再造、利用和生成的过程。

其中捕捉之后的辨析是首要的一步。在一场以"有向开放性教学活动的设计与组织"为专题的教研活动中，某教师执教了《欣赏美丽的风光》复习课（三年级）。参与现场观摩的一位教师采撷到了这样一个片段：

师：通过这册书的学习，你欣赏到了祖国哪些美丽的风光？
生1：雄伟壮丽的长城。
生2：京杭大运河。
生3：庐山千姿百态的云雾。
生4：美丽、物产丰富的南沙群岛。
生5：景色奇异、物产丰富的海底世界。
生6：日月潭。
生7：红林片片的景色。
生8：海水退潮的景色。

教师在抛出这个片段之后，首先谈了自己的观点：今天听课前，我给自己预设的学习内容是"教师如何回应课堂中学生的发言"。

听课者普遍认为，执教老师在课堂中提出了一个很有价值的开放性问题，课堂中学生的发言也为我们的课堂教学提供了许多有价值的资源。但是通过对这个教学环节的解读，有听课者发现教师缺少对语文学科特性和学生成长需要的准确把握：

从8位学生的发言中我们不难看出，学生的回答出现了三种思维层次：一是能唤起自己的学习记忆——记得本册教材中写到了哪些风光（生2、生6）；二是记得了一些很有特点的风光，并能加以适度的描摹（生7、生

8）；三是能用准确的形容词来概括风光的特点（生1、生3、生4、生5）。而教师对呈现出的课堂资源没有进行有效回应的最根本原因是教师在确定教学内容过程中的认知缺失，从而导致目标拟定的缺位。其实对于三年级，我们急需要提升的学生的知识素养和能力素养是：拓展学生对于"美丽"这一抽象词汇的认知——由物及人，由自然及社会，并且尝试提升学生运用词语或短语准确概括出眼中之美的能力。

这种缺失的实质，首先在于教师缺少对学生成长需要的倾听敏感，只是处在"倾听发言"的入门阶段，尚未实现"倾听需要"的关键转身。伴随着这种转身的是教师倾听参照系和思维方式的转变，将倾听之耳转向在课堂中关注"具体的、实实在在的人的发展需要"。

这种缺失的根源，还在于对听出的学生资源的转化能力。课堂上教师的倾听过程，归根到底，是转化的过程——生成式倾听是一种转化性的倾听。"倾听智慧"，不仅在于更多地听，更在于"听"之后的"化"，在这个意义上，倾听智慧就是生成智慧，就是转化智慧。

转化生成式的倾听智慧，至少有四大策略，即织网式倾听、滚雪球式倾听、刨坑式倾听、扭转式倾听等。

（1）织网式倾听。把点状资源变成整体资源，把听来的点状、碎片化的信息和话语织成一张结构之网，包括知识结构之网、方法结构之网等。例如，在识字教学中，学生会分享各自的识字方法，教师通过板书，把听来的这些方法一一归类，呈现在黑板上。这个过程是对教师回应能力和提炼能力的挑战。

有一个《北风和小鱼》的案例，教师让学生通过表演体悟"北风"的狂妄自大：

出示：北风得意地说："哈哈，大家都怕我。"

师：小朋友，谁会学着北风的样子来说说这句话？

生绘声绘色地读这句话。

师：你觉得北风说这句话时会是什么样的？

生：北风可能会拍一下胸脯对自己跷着大拇指说这句话。

师：你帮北风设计了动作。

生：北风也许会仰起头笑着说。

师：你想象出了北风的表情。小朋友，用上动作带上表情再读读这句话。

教师通过"你帮北风设计了动作"、"你想象出了北风的表情"等，很好地提炼并回应了学生的话语。

（2）滚雪球式倾听。要义在于把个体资源变成全体资源，把听出的来自于某一位学生的亮点或精彩资源，如一个好的思考问题的视角或解决问题的方法，变成所有人的亮点和共享的学习资源。"雪球"得以"滚"出的方式，一是"小老师"，让呈现亮点的学生带着其他学生也像他那样，试一试，做一做；二是"仿照"，教师引导其他学生仿照展现亮点的学生，也如此尝试和实践。

（3）刨坑式倾听。主要目的是把浅层资源变成深层资源，听出学生话语背后的深意。课堂上由于倾听不到位，教师面对学生的资源捕捉、反馈不到位，或缺乏机智，没有进一步通过评价、追问等进行提升，或受教案牵制急于进入下一步环节，导致学生该读、该说、该悟、该炼的时候，易于点到即止，不能深入，陷于"浅层倾听"或"滑冰式倾听"的境地。对于这一顽症，教师需要学会"刨坑"，改变急于奔往下一个目标的心态，善于停下来、舍得花时间，基于通过倾听捕捉而来的资源，牢牢抓住追问、品析、读悟，促成深层次的生成。要实现刨坑的目标，教师的回应能力至关重要。

有一个名为《观潮》的经典案例：

师：你们知道吗，海宁市目前已经向"联合国教科文组织遗产委员会"提出了申请，要求将天下奇观钱江潮列为世界遗产。为了进一步提升钱江潮的知名度，最近，他们正在向社会征集宣传钱江潮的广告语，大家想参与这个活动吗？（生：想）拿出练习纸，开始写吧！（生个人或小组合作创作广告语，师巡视其间，帮助创作有困难的同学。）

师：可以交流了吗？

生：八月十八钱江潮，壮观天下谁不知！

师：有一个词语叫"知晓"，你知晓吗？老师建议你把广告语中的"知"改为"晓"，再读一读！（生读：八月十八钱江潮，壮观天下谁不晓！）是不是感觉好多了？（生点头）语句押韵了，读起来就朗朗上口了！

生：此潮只应天上有，人间能得几回看！

师：发现没有，他从古诗词中汲取了营养，写出了如此精彩的广告语。

生：你若不观钱江潮，枉在人间走一趟！

师：老师建议你把"走一趟"改为"走一遭"，再读一读！

生：你若不观钱江潮，枉在人间走一遭！

师：体会到好处没有？（生：体会到了）体会到了咱们就不说了。

生：钱江大潮，让心潮和浪潮一同起伏！

师：你写得非常好，但你读得不够好！老师对你提出更高的要求，再读一次，好吗？（生有感情地诵读）

师：多么精彩的广告语呀，连老师也没有想到呢！这真是神来之笔呀！

生：天下神潮何处有？此潮就是钱江潮！

师：她把钱江潮形容成了"神潮"。感受是多么独特呀！

倾听后的回应，不只是鼓励性的评价，更是建设性的纠正与提升。案例中教师的一次次回应，就是对学生的一次次纠正与提升。这样一来，通过每一次的倾听与回应，学生一步步地深化了对钱江潮何以是"天下奇观"的理解和感悟，从此"钱江潮"就深深扎进了学生的心里，成为其精神世界中的一个烙印。

（4）扭转式倾听。宗旨在于把错误资源变成有益资源。有一个名为《一段有几句话》的典型案例：

师：同学们，读读第一自然段，看看有几句话。

生：（默读后）这段有三句话。

师：有不同意见吗？

生：我觉得是四句话。（这是错的）

师：你敢于发表不同意见，很好！这样吧，你推荐三位同学朗读这段，每位读一句，你就读第四句，好吗？

生：（三位同学每位读了一句话）老师，他们都读完了，我没的读了。

师：你很认真听他们读，知道为什么没有第四句让你读了吗？

生：我把"五月有杏子，七八月有香梨、蜜桃、沙果，到了九十月份，人们最喜爱的葡萄成熟了"这句看成两句了。

师：你发现得很准，为什么看成两句呢？

生：我把逗号看成句号了。这段有三句。

师：对了！不管是哪月，都是说水果丰收了，所以用逗号。

案例中的教师，面对听出的"错误资源"，显示了三个转化生成的技巧：

其一，不急于评价。当一个学生呈现出一个答案以后，不要立即评价，避免"个体替代群体"，而是转向全班："有不同意见吗？"让更多的学生发出不同的声音。

其二，对出错的学生依然要鼓励："你敢于发表不同意见，很好！"而且是持续鼓励："你很认真听他们读"、"你发现得很准"。

其三，让学生自己寻找错误之处及其根源，先是"你推荐三位同学朗读这段，每位读一句，你就读第四句"，随后询问"知道为什么没有第四句让你读了吗？"，进而追问"为什么看成两句呢？"

无论是哪种转化生成的策略及其背后的能力，都是对教师是否具备倾听智慧的考验，它们都非一朝一夕练就的，只有经过长时期的自我反思与重建的磨炼，才能练就。

教师的现场倾听力

有人做过一个面向参加培训的中小学教师的听课实验。课堂伊始，先放一段录像，不是教学录像，而是烹饪录像，厨师展示和介绍如何做一道中国名菜。放完之后，马上请事先并不知晓的教师现场拿出纸笔，写出看了这道名菜烹饪过程之后的学习心得：要做这道菜，需要有哪几个关键步骤？结果发现，差异显著：有的教师绞尽脑汁，只写出两三点，有的教师一口气能写出十几点……同样是在看，在听，何以这么大的差别？

差别就在于教师的现场倾听力。我曾经专门论述过"教师的现场学习力"，现场学习力，实质是现场观察力，是现场倾听力。

教师的现场倾听力，从倾听现场的角度，可以分为自我教学现场的倾听、他人教学现场的倾听、教研组备课组教研活动现场的倾听、教师教室办公室现场的倾听、跨校经验交流分享现场的倾听、各种培训报告讲座和研修现场的倾听等；从倾听对象的角度，可以分为对学生的倾听、对教师同行的倾听、对教育专家学者的倾听等。两个角度存在着交叉融合的可能性。例如，以各种公开课、观摩课、示范课、研究课，即他人教学现场为例，教师倾听力的高低，既表现在对学生的倾听，也体现在对教师同行的倾听，还可能表现在对教育专家学者的倾听。

无论何种对象的倾听,都需要教师学会至少五种倾听方式:转换角色、问题导向、提问质疑、捕捉提炼、反思重建。

(1)学会转换角色。教师以何种角色进入课堂并与学生交往对话,影响了甚至决定了教师听什么,如何听,以及听的质量。在"新基础教育"课堂教学改革中,叶澜指出,教师的角色不仅仅是"教"者、"述"者、"问"者或指导者,而且是"学"者、"思"者、"听"者,更是整体活动进程的灵活调度者和局部障碍的排除者,是课堂信息的捕捉者、判断者和组织者。若以倾听为视角,转型后的教师角色,都与作为"听者"的教师有关。只有真正朝向学生的听,才能对来自于学生的话语和信息进行有效的"捕捉"、"判断"、"组织",才能排除局部障碍并基于学情进行课堂进程的灵活调度。教师作为倾听者,还需要倾听并引导学生之间的相互倾听。由于原先由学生主要承担的"听"的任务,将从只是听教师"问"与"说",拓展为还要听同学的"问"与"说",因此,教师要引导学生相互之间认真倾听,并努力将"学生之间的相互倾听"作为倾听对象,进行捕捉、判断、组织,以及排除学生倾听中的障碍。

除课堂内师生关系中的角色转换外,其他倾听现场,例如研修或研训现场,教师同样需要转换角色。缺乏实效和成长感的研修,往往是因为教师是以旁观者、看客的角色"置身其外",只有以主动的现场参与者、介入者、影响者、改变者的角色"置身其内",才可能真正在现场。

(2)学会问题导向。需要教师带着问题在课堂现场中倾听。有教师回忆了学校语文学科研究的一次活动:

"新基础教育"追求全新的课堂教学价值观和过程观,要求将课堂还给学生,体现"互动生成式"的教学逻辑。然而刚开始时很多教师在观摩课堂教学的过程中写下过自己的困惑:教师一个问题下去,发言学生较少,发言质量不高,课堂中缺少生生之间的互动;课堂"还不下去",学生无法适应逐渐开放了的课堂。……

面对这些困惑，语文学科组适时提出了下一阶段课堂观察的重点——"学生发言类型和教师组织策略"。学校利用"日常教学调研"这一常规工作平台，设计了有针对性的课堂观察量表，引导教师从"发言类型"、"使用背景"、"组织策略"、"主要功能"、"学生发言例举"五个方面观察课堂。

这五个方面成为教师在听课现场倾听的主要内容，构成了教师的倾听导向，成为"有向倾听"。

正是带着"学生发言类型"及提升学生发言质量这一问题，教师听出了进而讲出了倾听成果，有的通过对课堂中学生发言的观察与分析，初步把课堂中学生的发言归类如下：了解型、替代型、资源型、练习型、综合型。我感觉每一种类型的发言在课堂中都有其独特的功能。有的将课堂中学生的发言类型分成这样几种类型：陈述型、反驳型、补充型。目前的课堂较多地强调学生主体的个人观点，所以学生较多地陈述自己的想法。事实上，真正互动的课堂，需要学生关注其他同学的发言，或者借鉴，或者提出反对意见，或者补充他人的发言。现在的孩子，独断的类型较多，个人的表现欲强，因此，很少关注他人的发言，使课堂中没能出现有效的多维、多层、多向的互动等。

这种基于问题导向的教师倾听，实际上也是将问题通过"可视化"加以凸显，这是提升教师现场倾听力的基础，它同时也诠释了教师现场学习力的真谛：

现场学习力用一句话来概括，就是"自主地发现问题，并寻求解决问题的策略和途径的能力"。现实中并不存在没有问题的现场，无论多么精妙的设计，其在实施过程中都会有大大小小的问题。但是，作为观摩者，如果不善于"捉虫"，找到课堂中的问题所在，就很容易在有意或无意间，将原本真实存在于观摩现场的问题隐藏起来。提升现场学习力，就是要将教学中的问题拿到"太阳底下"，使其变得"看得见"。让问题的存在明显化是解决问题的第一步。能看见问题，才能重视问题，并最终解决问题。但"可视化"的过程绝对不是一个"替代"的过程，换言之，就是教师必须亲自经历一个"由现象到理念，由理念到行动"的自我建构过程。因此，问题的提出也应该"现场化"，研讨需要预设，但更应该注重现场的即时生成。因为这种"即时生成"恰恰是现场参与者积极主动追求改变和发展的外部体现。其次，任何一个现场观摩研讨的组织者都必须发自内心地尊重现场，并善抓研讨节点，善于"集聚提升"，从而借助于一次次的现场观摩研讨，让"共同的价值追求"逐渐弥散在现场，深入每个人的骨髓。因为唯有现场才是产生价值的源泉，唯有共同的价值追求，才能激发潜藏在现场的能量。

同样，若以教师同行为倾听对象，也可带着诸如"如何对学生进行合理评价"、"如何对学生的提问进行回应和提炼"等问题，这样的倾听，势必会提升教师的倾听成效。

（3）学会提问质疑。与"问题导向"中的"问题"不同，这里的"问题"不是进入课堂之前的问题预设，而是在课堂倾听过程中，教师现场生成的问题。例如，针对执教教师的教学，多问几个：

"同样上这个内容，他和我的做法有什么不同？"

"为什么这么做？"

"这样做带来了什么？"

"还可以怎么做？"

"怎样做更好？"

……

若直接以"倾听"为视角，聚焦执教教师的倾听状态，则可以生成如下问题：

"他如何倾听与回应学生?"

"他怎样引发学生之间的相互倾听?"

"还可以怎么倾听与回应学生?"

"他采用了什么策略和方式培养学生的倾听能力?"

……

（4）学会捕捉提炼。除了在转化生成式倾听中，对学生话语进行捕捉提炼之外，教师还需要对来自于同行的声音和经验进行捕捉提炼。例如，在"跨校经验交流分享现场"之中，围绕一两堂课或某一专题进行研讨与对话，这是一个绝佳的锤炼现场学习力的平台。在这样的倾听现场中，教师最需要捕捉的是不同的视角（尤其是与自己不同的视角），最需要提炼的是同行的语言方式——如何言说表达，才能吸引、打动和说服他人？如就视角而言，之所以对于同一堂课、同一个问题，仁者见仁智者见智，关键在于各人的观察、倾听和思考的视角不同，因此，同一堂课，有人看到了教师，有人看到了学生，有人则看到了师生互动……任何一个人都不应一辈子只用一种视角看世界、看社会、看人生，以及看教育、看课堂、看学生，只有对更多的视角有理解、体察、领悟和运用，这个人的眼界和心胸才会博大，才不会变得局促和狭隘，他的思维的开阔度才会不断提升。

（5）学会反思重建。"反思"的本意，是返回自我，是对自我的倾听。各种"外在的听"，都需要转回自我，变成"内在的听"。把对他人的倾听过程，转化为倾听自我的过程，实现倾听他人和倾听自我的融通，其实质是把听出来的变成观照自我、倾听自我的镜子，既照出自己的劣势和缺失，也照出自己的优势和独特。这样的反思，不是一次性的，而是多次性的，不是一度反思，而是二度反思，甚至多度反思。例如，在教研组、备课组教研活动现场，对执教教师来说，上课后的说课反思，是一度反思，听了大家的提问质疑和基于亮点、缺点、改进建议的评课之后，再度表达听来的收获和感悟，这是二度反思。对参与教研的教师而言，同样存在二度反思的可能：一度反思，将自己原先的听与听了执教者说课之后的听进行对比反思，哪些自己听出来了，听懂了执教者，哪些是现场没有听懂，听了他人的说课反思之后才听懂的……二度反思，听了各位同行的提问点评之后，再度回到原先自我的视角、观点和语言，进一步反思——哪些视角、观点是我原先没有的，它们的价值和意义在哪里？同样一种视角和观点，他人的语言表达方式是否更好？好在哪里？我该如何改进重建自身的表达方式？

最有效的反思，离不开细致的比较揣摩。我曾经多次回忆自己是如何锤炼自身的评课能力的。当初，从北京回到上海，参加"新基础教育"伊始，我对课堂的点评流于抽象、空洞，喜好用既定的、固化的理论概念、范式去套一堂堂鲜活的课，虽然"滔滔不绝"，但言之无物，既空洞又空泛，不接地气，老师们难以理解和接受，每次听完我的评课后，往往是一脸茫然……焦虑之下，我尝试采取了这样一种做法：每次陪同叶澜老师去听课、评课，努力把她评课的话语记下来，当天晚上回家之后，作一番细致的揣摩对比：

同样评一节课，她是从哪个角度评的？我又是什么角度？她为什么从这个角度评？道理何在？它带来了什么只有这个角度才能带来的观点、策略和方法？

同样一个角度，她是怎么评的？她抓了什么问题，我又抓了什么问题？与她的问题相比，我的问题可能是细枝末节的问题，而不是关键的要害性问题，如何才能学会抓住制约本课的关键问题？

同样一个问题，她是如何表达意见、建议或批评的？我又是如何表达的？如何像她那样表达得清晰、准确、生动，更具吸引力、说服力、影响力和转化力？

……

如此一次次比较揣摩并进行及时的重建转化之后，我对课堂的透析、阅读及评价能力，虽然离理想状态还有相当的距离，但至少通过这种反思方式，得以逐步有所改善。

如何炼成教师的倾听能力

在课堂上，来自于学生的"众声喧哗"是常态。如何从"五彩斑斓"的声音中择取最有价值的声音，与之呼应，进而将不同的声音编织成一支交响乐，对任何教师来说，这都是一大挑战。

在教师参与的各种交流研讨会上，同样有来自于同行的"众声喧哗"。如何从"七嘴八舌"的声音中汲取富有教学意义的声音，转化到自身的教学实践中，与自身原有的声音汇聚而成"教育交响力"，这是对教师的另一重挑战。

在各种研讨交流会上，我常常发现很多发言者尽管口才很好，但有一个普遍的毛病，几乎无视他人的言说，不作任何回应，只顾头头是道地表达自己的观点。这种单向性、自我中心式的交流方式，在世间是常态。所谓"对话"，往往只是表现在两个人或三个人之间。

要使"对话"从书本、黑板走向真实的现实场景，"学会倾听他人"是前提之一。我对此的理解和感悟经历了诸多曲折历程。以往，我在很多公众场合的发言，属于"自说自话型"和"演讲型"，其态度是居高临下的，有俯视芸芸众生之感——自以为"真理在握"，甚至"全知全能"，不知不觉中把自己当作了"布道者"和"大众教师"。这恐怕是教师的"职业病"：每每说话，都像是在"上课"，即使面对着自己的家人，哪怕台下坐着自己的领导、老师和同事……

虽然我早已对此有警惕和反省，但到目前为止，依然不敢说自己的交谈中去掉了"演讲味"和"上课感"，我仍旧在进行艰苦的自我训练……这种自我训练，是从倾听研讨会上他人的发言开始的。我逐步养成了这样的习惯：

尽可能记住前面每位老师的发言，并尽力在自己的发言中，或重述其观点，或回应其疑问，或表达自己的理解等，且尽量做到一个不漏。总之，以各种方式让他人明白：我对他们的观点未必全都赞同，但我一直在努力倾听他们的话语，同时也借此表达了对他们的关注和尊重。

这已然成为我反思自我和评价他人的尺度：是否能够将他人的言说与自己的言说对接，是否能够将自己的表达，建立在倾听他人的基础之上？

这并非易事，只是单纯地倾听他人不难，只要有此态度和意识，将耳朵转向他人并"钉上"即可。难在将自己的思考和表达扎根在他人的思考和表达之中，难在把他人的话语与自己的话语整合起来，编织成一张语言之网。我最初的试验可谓"手忙耳乱"、"耳忙脑乱"，既要用心记录别人的言语，又要努力记住，更要纳入自己的言语之中，成为一个内在的不可分割的网络，一开始的混乱是可想而知的……好在我养成了反思重构的习惯：发言之后的当晚，回放当时的记录和自己的语言，什么人的什么说法，我有了反馈和呼应？哪些我漏掉了，何以会漏听？我的呼应和表达是否准确地理解了他人的意思，是否有误听和误解？如果有，我该如何改进和提升？……

因为有了这样一些自我要求和自我训练，我在设计教研活动过程的时候，会有意识地强化教师彼此之间的倾听。例如，在执教教师说课反思和其他教师评课之后，我常常会特地建议增加一个"二度反思"的环节，要求上课者听了各位教师的点评之后，作出具体回应：我听到了什么，感悟到了什么？哪些观点和建议给我很大启发？哪些建议在我的后续教学重建中可以直接运用？……增添此环节的目的，首先是想改变说课教师的两个常见的"旧习惯"：一是照着早已写好的说课稿从头念到尾，基本不管教学现场和研讨现场中生成的新资源；二是说完自己想说的话之后，要么"闭目塞听"，要么"无所事事"，心思处在放松之后的"闲适"与"东飘西荡"之中。其次，是想帮助教师形成两个"新习惯"：仔细倾听他人、捕捉信息资源的习惯，对别人的评价主动回应的习惯。

显然，这对于习惯"自说自话"的教师是一个挑战，但更大的挑战还在于：教师的呼应对象和呼应方式，不是一对一、点对点，而是一对多的编织式回应。例如，将不同教师的意见按照特定的划分依据，分成不同类型、不同层次或不同角度，有所选择、有所侧重地吸收和借鉴，这一工作不一定现场进行，但至少可以在会后通过静思沉淀来实现。依据我个人的经验，这样的自我训练，既是一个培养人的倾听能力的过程，也是一个锤炼人的思维品质的过程。

我相信，最终形成这种能力的教师，当他回到课堂，面对自己的学生的时候，同样能够尽情舒展倾听的翅膀……

倾听与教师的思维品质

在我接触过的诸多教师之中，有不少人每天都在经历和遭遇身为教师的劳苦愁烦，艰辛沉重，但依然拥有不懈的职业激情，且逐渐生成积累了丰富的教学经验。只是走着走着，就走到一个台阶上停了下来，再也走不上去了，此后的职业生涯，就在这同一个层次的台阶上机械地重复、重复、再重复……

是什么因素阻碍这样的教师继续前行？答案是：思维品质。

有人表达过这样的感慨：每到年终岁末，校长老师们都会写各种各样的总结，无论是真心投入，还是敷衍了事，总是要投入诸多人力、精力和物力，然而，有多少总结写完之后能够留下来，让更多的同行、同事和后来者学习、分享和借鉴，而不至于成为过去资料室里的"故纸"、今日电脑里的"存档"？有多少总结写完之后，就烟消云散、灰飞烟灭了，后来者需要从头再来，从零开始？

是什么原因导致了大多数总结写完、念完之后的烟消云散和灰飞烟灭？答案还是：思维品质。

当一位教师拥有了丰富的教学经验，也有了持续不断的动力与韧劲之后，是否具有良好的思维品质，就成为影响他能够走多远、飞多高的关键因素了。

凭什么判断一个人思维品质的高低好坏？标准和尺度在哪里？在我看来，表现为六个"度"：思维的清晰度、提炼度、合理度、精细度、开阔度、创新度。

如果以倾听为视角和眼光审视这些标准，一些新的具体内涵和意蕴将由此生成。

以"思维的清晰度"为例。它与教师表达的清晰有关：一个教师在上课、说课、评课的时候，在讲述自己的教育教学故事的时候，在宣讲自身的教学主张、教学经验、教学个性与创造的时候，能否做到清晰地表达，不仅自己说得清楚，也让别人听明白？表达混乱背后往往是思维的混乱。很多人不缺乏丰富的教学经验和知识，但这个世界上的丰富，可以被区分为两类丰富：混乱的丰富和清晰的丰富。思维品质良好的教师，善于把混乱的丰富转化为清晰的丰富。

思维的清晰度，既与表达有关，也与倾听有关，二者之间是输入（倾听）与输出（表达）的转换关系。作为输出的表达是否清晰，与作为输入的倾听是否清晰密切相关。例如，有的教师在说课时"说学情"，表达出的学情往往是抽象的学情，模糊的学情，不准确的学情，究其原因，与对学情的观察、了解和倾听不够具体、不够准确，因而不够清晰有关。如果要让教师心中的学生清晰起来，可以采用"三度清晰"的方式：

"一度清晰"体现在"教学设计"中，即备课之中，要通过各种方式听出学生走入本堂课之前"已有什么"、"还缺什么"、"困难障碍是什么"、"差异是什么"。

"二度清晰"表现在"教学过程"中，教师需要对课堂教学中学生那里生成的各种资源进行捕捉、提炼、利用和再生成，这个过程就是倾听的过程。在相当程度上，教师对来自于学生的精彩资源、另类资源、错误资源和差异资源的捕捉力、提炼力、利用力和生成力，就是教师的倾听力和教育力。

"三度清晰"渗透在"教学反思"中，对照课前教学设计中的学情分析，基于本堂课中对学生的倾听，教师需要清晰阐明：哪些对学情的倾听与表达是意料之中的，哪些则是意料之外的？

对学生"三度清晰"的过程，始终贯穿着教师对学生的倾听。倾听越清晰，思维就越清晰，表达也才可能越清晰。

再以"思维的提炼度"为例。我衡量一个人是否具有提炼度的标准之一，在于他能否用不超过三句话，甚至一句话，把自己多年来教育教学上的核心经验、核心主张、核心风格清晰、简明地讲出来。这种提炼度，与哲学家、评论家在书斋里提炼观点、凝练想法并无本质差异，都属于一种静态思考后的静态提炼。对教师这个职业而言，思维提炼度提升的最大挑战，是置身于鲜活的动态生成的课堂之中，能否在对课堂内四面八方、五花八门的学生之声倾听之后，进行即时的捕捉和提炼，或转化为板书，或转换为高度凝练的反馈性语言……这种课堂现场中的提炼和表达生发出的教育力量，就是改变人、发展人的力量，这才是教师的独门功夫，也是教师思维提炼度应有的职业属性和教育内涵。

又以"思维的精细度"为例。它昭示教师对课堂中的"声音细节"的敏感与关注。近年来，我一直在研磨"小组合作学习"中的种种细节，若以"倾听"之眼观之，它们大多其实是"倾听细节"。例如"板书"，教师需要通过倾听和捕捉学生所提问题、观点和方法，将它们转化为类型化、层次化、支架化的板书；再如"巡视"，如何在巡视过程中实现有效的"提醒"、"纠正"、"点拨"、"鼓励"、"评价"等，都需要教师细致入微的倾听能力；又如"动笔"，教师不断提醒学生在合作学习讨论中，及时把教师、同学生成的好想法、好做法记录下来；等等。

最后，以"思维的开阔度"为例。它意指一个人不拘泥于自身固有的一种思考视角和思维方法，而是善于打开视野，了解并运用多元的视角和方法思考问题、解决问题和表达自身。在倾听的意义上，这意味着敞开耳朵，倾听各种不同的观点、声音，哪怕是与自己的声音迥异甚至对立的声音。我所认识的一位教育学教授，曾经讲述过他是如何拓展自身思维的开阔度的。每一次座谈会或研讨会，当大家抢着发声并为之"七嘴八舌"的时候，他总是坚持到最后一个发言，在此之前，他会认真聆听每一位发言者的观点和声音背后的视角，并揣摩对比：哪一个视角与自己的视角相同？什么视角与自己不同，不同的道理何在？进而思考：如何在这些已有的视角之外，讲出自己的视角，发出自己的声音？哪怕是同一个视角，我又该如何表达，呈现出属于自己的声音？

相比之下，我接触到的一位教研员，给我带来的是另一个方向上的启示。他听了我所作的有关"新基础教育"课堂教学改革的讲座之后，过来跟我交流，表达了两种核心意思：第一，你们的这些想法做法，"我"老早以前就这么想这么做了；第二，"我"关于这方面的探索和实践已经写了、发表了200多篇论文了……他的言语之间，隐约有些"不屑"，明显有些"自得"。从年龄上看，他四十出头的样子，但我立刻有一个异常清晰明确的判断：这位非常努力和执着的教师，今后不会有多少发展空间了，他的视野和格局到此为止了，无论将来继续发表多少篇文章，他的专业能力和水平到此为止了。

他对我的"倾听与表达"说明，他陷入了一种典型的倾听误区，特征是"选择"与"验证"。"选择性倾听"，只是在选择中倾听符合自己原有价值预设、原有频道的声音，不符合的就自动屏蔽或删除；"验证性倾听"，意味着习惯于把每一次倾听的过程变成验证自身已有观点、想法和做法的过程，变成一次次强化、固化自身已有的过程。不管是"选择性倾听"还是"验证性倾听"，都是一种"排他性倾听"，只是陶醉、沉迷于自身习惯了的声音之中而不能自拔。陷于如此倾听方式和倾听习惯的人，会在悄然间逐步走向自我固化、自我板结化和自我石化，会越来越流于褊狭或狭隘。

反之，一个拥有思维开阔度的人，既有对自我声音的清醒，也具有对他者声音的敏感，他善于吸纳多元声音，并与自我原有的声音在头脑中进行交汇融通，经提炼后生成属于自己的观点和声音。

在这个意义上，思维的开阔度就与思维的创新度有关了。思维的开阔，不只是追求思维视角、方法和各种多元声音的弥散或发散，而是最终指向在将诸多"不同"融会贯通之后，创生新的声音，再重新融入人类创造的交响乐中，在新老声音的合唱共振中，推动教育创新和人类进步，同时促进自身的生命成长。

第四辑　学生倾听能力的培养

不要干扰学生的倾听

教育教学之道，包含两个部分："要做什么"和"不要做什么"。

前者是我们关注的焦点，所有对教育手段、工具、策略和方法的询问和探究，无非都是希望告诉他人和自己，对于这样的学生，这样的教学内容，这样的教学目标，我们需要做什么，怎么做……

后者容易被人忽略。"要"是索取、增添和追加，这是人类永无止境的追求……"不要"则是拒绝、排斥和删减，更是忌讳、警醒和告诫……构筑西方基督教文明之伦理道德基础的《摩西十诫》，以"不要"、"不可"为前提来表述诫命，如"不可杀人"、"不可奸淫"、"不可偷盗"、"不可作假见证陷害人"等，中国儒家伦理道德的核心要求"己所不欲，勿施于人"，同样是以"不要"的方式加以提醒。

培养学生的倾听能力，也需要从"不要"、"不可"开始，将知晓并运用"不要干扰和影响学生的倾听"作为"倾听教育"的起点。

1. 不要冷漠对待学生的倾听

当学生倾听时，教师不可展现出漠然、无动于衷的态度，似乎对学生的倾听进程，特别是对除老师之外的他人的倾听一无所知，一无所见，更一无所听……似乎学生听与不听，都无所谓，都与己无关。这种态度对学生倾听的伤害是致命的，既然"老师"无所谓，"我"也无所谓，就"爱听不听了"……因此，在孩子倾听过程中，保持并适度让学生感受到教师的在场，让他们知晓"教师在倾听他们的倾听"，对激发孩子的倾听意愿，并且督促他们认真倾听，具有不可替代的价值。此时，教师对待学生倾听的态度，其实是一种对学生倾听的评价。

2. 不要轻易打断学生的倾听

教师随意打断学生的发言，是课堂上的常见现象，这是一种高高在上的姿态导致的行为，时常被人诟病。但教师轻易打断学生的倾听，也同样不应忽视。每次去听音乐会，都会被告知各种警示性的要求：不要大声喧哗，不要接打手机，不要在演奏中间鼓掌等。这些行为会干扰和影响演员的演奏和他人的倾听。同理，当学生在认真倾听之时，教师要保持耐心和静心，不可随意中断学生的倾听，要让学生的耳朵保持宁静舒展的状态，深深沉浸在倾听带来的心灵涟漪或波澜之中……

3. 不要让学生感受到教师的偏心和偏听

教师的偏心和偏听，主要体现在两个极端：一是偏向于拔尖学生、精英学生和明星学生，这是导致教师耳朵兴奋的源头，教师因此常常会召唤更多的耳朵朝向这些声音源，把倾听之光投射并聚焦在他们身上；二是偏向于困难学生、刺头学生和捣乱学生，他们常常耗尽了教师的耐心。如果在课堂上，教师处处展现的是对这两类人的"偏好"，不断聚拢所有人的耳朵朝向他们，这不仅会造成对大多数学生的不公平，也会造成学生的有选择倾听，导致对另一些声音、另一些视角、另一些资源的屏蔽和遮挡。在倾听的意义上，所谓"全纳教育"，是对班级与课堂上各种声音的"全纳"，而不是有选择地吸纳。

4. 不要设计频繁变化的活动

有教师记录了这样一个案例：

在一节低年级的识字课上，学习的是关于"大海"的词串"沙滩、脚丫、贝壳……"。学生一开始学得蛮认真。而教师在出示了词语后，让学生一会儿画画，一会儿到"海滩"上"表演拾贝壳"，一会儿唱歌。频繁的活动变化后，教师布置说话要求，学生静不下来，教师责怪："怎么又不专心了？"如果你知道心理学家的一个研究结果，你可能会意识到自己的责任。"专心是一个复杂的心理过程。分心后重新集中注意力需15分钟时间。"频繁变化的活动情景影响了学生的倾听。学生的不专心原来是我们的责任。有位名人曾形象地比喻说："注意是学习的窗户，没有它，知识的阳光就照射不进来。"而我们正影响着学生的注意。

如果与"不要轻易打断学生的倾听"这一戒律联系起来，频繁转换的活动，是对学生倾听的频繁中断，导致倾听过程的表面化、形式化和平庸化。

最重要的还在于，学生都有自己的成长节律，孩子的"倾听节律"也是成长节律的一部分。花样繁多的教学活动，会打乱孩子的"倾听节律"。

5. 不要错过学生倾听的黄金时间

如同人的成长有关键节点和黄金时间一样，学生在课堂上的倾听也有"黄金时间"。"认真倾听"的实质就是"专注与集中"，要让孩子40分钟都保持专注的倾听几乎是不可能的。各种实证研究都表明：上课的前20～25分钟是注意力最集中的时段，也是倾听的黄金时间。当然，这并不意味着所有的教学内容和活动都要集中安排在这一时段内，只是提醒教师：要充分把握和利用这一黄金时段，在此期间内，注意保持教学场景和教学情境的相当稳定，千方百计营造让学生"心静"的氛围，让他们专心、耐心和静心倾听。

6. 不要只是批评和讲大道理

当学生不会或不能倾听，以致达不到教师的倾听要求之时，教师常见的反馈方式是批评和指责，那些被持续、持久批评的学生最容易成为"屡教不改"、"死猪不怕开水烫"的所谓"差生"。这是一种典型的"消极批评"，它只是告诉被批评者，这是不对的，那也是不对的，都是错误的、不应该的……被公认的教育之道，则是"积极批评"：不是一味地指责学生，反而给学生提供具体而微的建议，以建议的方式告诉学生，它要做什么、怎么做，才能更好地倾听。因此，它不是讲大道理，要求学生"认真倾听"、"善于倾听"，而是告诉学生具体的倾听之法，如要怎么做，才能做到"认真倾听"。这样的批评方式，不仅更容易为学生所接受，而且能够帮助学生走出困境，找到通往目标的可行路径。由此，这实际上再次回到了教师在学生倾听中的理想角色：不只是批评者、指责者，更是建议者、帮助者。

激发学生倾听兴趣的六大法宝

不要干扰学生的倾听,只是培养学生倾听能力的前提条件。反过来,教师还需要积极主动地激发学生的倾听兴趣。

综合来看,激发倾听兴趣的基本原则是:调动多种感官,给予学生刺激与挑战,适时进行针对性评价反馈等。

具体实施和转化,有六大策略或法宝。

1. 通过"提出问题",激发学生倾听

教师在课堂上会提出各种各样的问题,从倾听的角度看,这些问题可以分成三类:

一是引导性问题。

"你能听出他在说什么吗?"

"他刚才是怎么说的?先说了什么,再说了什么?"

"你还有什么没听明白的?"

"你能听出他思考问题的角度吗?"

"除了听出他的读音是否准确之外,还可以听什么?"

"大家一边听,一边想:他和你有什么相同点和不同点?"

"你还有什么没听明白？"

……

提这类问题的目的，在于引导学生朝向"倾听什么"、"如何倾听"，让倾听的对象和方向更加多元，让倾听的方法更加具体可行。

二是检测性问题。

"你听懂了什么？"

"能不能把你听懂的，用一句话说出来，或者写出来？"

"你觉得自己还有什么没有听明白的？"

"你对他刚才的发言怎么看？"

"你为什么觉得他的话有道理？能举个例子说明一下吗？"

……

这些问题的作用，既有助于教师了解学生的倾听质量，也有利于学生自我检测评价成效。

三是延伸性问题。

"这是谁在说？熟人？名人？权威人士？谁在说这句话，是否重要？"

"他刚才说的，是一个事实，还是一个想法？他说话有足够的根据吗？他是不是有所保留，有的话出于某种原因没说出来？"

"他是什么时候说的？事情发生前、发生中，还是发生后？"

"除了这些说法，还有没有其他看法和可能？"

"为什么他会这么说？他对自己的观点有充分的解释吗？"

"他说的时候，看上去开心吗？难过吗？生气吗？真心吗？"

"想一想，说这个话的人，是居于什么立场？可能受到了谁的影响？"

……

上述问题的用意，在于激发学生进一步的思考，提升学生审辩式思维的能力，从而在倾听与思维之间建立有机关联。

2. 通过"肢体动作",激发学生倾听

表面上,"倾听"是"耳朵"这一感官的专有功能,但这一功能的充分发挥,却需要其他感官的配合,达到"相辅相成"的效果。例如,倾听的过程中,"眼睛"这一感官的参与和介入至关重要,很少有"闭目倾听"的时候,往往是耳朵的听与眼睛的看同时交融并举。其中的重要策略之一,是"以肢体动作调动学生多种感官的'听'"。有教师指出:

用眼睛仔细观察也是学生"听"课的重要方式,如教师的演示过程、小组其他同学的操作过程、齐读概念时教师重点强调的一个个词等等,都需要学生用心去倾听动作背后的含义。教师在课堂上可以用略微夸张一些的动作突出重点内容,有时也可以用问题帮助学生加深理解。如:"你从这个演示过程中看明白了什么?""你知道教师为什么要做出这个动作吗?"

3. 通过"讲述故事",激发学生倾听

对"故事"的兴趣和热爱,源远流长,且不分"古今中外"。常见的是在语文课上开展了"故事廊"、"一分钟广播"等课前活动:

故事廊就是让每个孩子轮流上来讲一些情节简单、篇幅不长的故事,同学当评委打分,让人人都有说的机会,又能够让同学换位体验听众为什么要认真倾听别人的原因。这样的方法对那些平时不肯认真倾听别人说话的同学很有教育意义。以后,他就会自觉地听别人说话了。另外,让同学当评委,既能引起学生的兴趣,又能有效地促进他们认真自觉地倾听,提高他们的倾听能力。

不只是语文课,其他学科的课堂上同样可以讲故事、听故事。

在低年级数学教学中,每一个题目我都穿插些不同的故事图片,让学生细心地观察图片,再根据图片中的故事情节提出问题、解决问题,使故事贯穿教学始终。例如,一年级数学教材中的"青蛙吃害虫"——我就是通过让学生观察图片后讲故事使整个课堂教学中学生表现出高涨的倾听热情的。

4. 通过"评价机制",激发学生倾听

评价是对学生最好的激励。要运用好这一法宝,教师需要掌握六个操作要点:

要点之一:要有具体的倾听要求。

有的教师要求学生在倾听过程中养成"五心"的倾听习惯:

专心地听,明主旨;

用心地听,辨是非;

细心地听,记要点;

虚心地听,作对照;

耐心地听,重细节。

这些倾听要求,就是一种"倾听标准"或"倾听尺度",它们构成了倾听评价的基础性前提。

要点之二:要有即时评价。

在"倾听教育"的日常实践中,即时评价是用得最多的评价:

一次仔细的听辨、一次用心的听记、一次敏捷的听问、一次独特的听改、一次个性的听感都要给予即时评价。评价伴随着学生的倾听能力一起成长。

"你听得最认真,这可是尊重别人的表现呀!"

"这么小的区别你都听出来了,你可真了不起!"

"你听出了他的不足,可真帮了他的大忙。"

"大家听,这位同学不仅听懂了别人的发言,还加进了自己的想法,多棒呀!"

……一个眼神、一句赞扬、一个微笑,不花时间,不费力气,却能收到明显的教育效果,我们要善于发现每一个学生的闪光点,用真诚的话语鼓励他们,课堂上学生怎么会不认真听讲呢?

要点之三:要有多方评价。

谁来评价学生的倾听质量?除了教师评价、同学之间的评价之外,评价者也可以扩展至家庭和朋友。例如,在加拿大多伦多,许多家庭的冰箱上都贴着类似中国的"家校联系卡"之类的纸片,上面就有"学会倾听"这一项目内容,要求孩子在听别人说话时应当放下手中的事情,注视对方,保持安静,直至轮到你说话。做得好的孩子将佩戴"阳光"胸牌。学校没有要求家长填写抽象的分数或者等级,而是要具体地写出孩子在什么时候表现出倾听的行为,然后将这些反馈在课堂上讨论。随即有老师在自己的班里迁移和模仿这一做法:让家长每周填一次孩子特别注意倾听的一个或几个具体事例,根据反馈给予奖励。家长表扬孩子认真倾听的两次可以得一颗星,有十颗星的孩子可以获得"倾听明星"的奖状。

要点之四:要有具体评价。

抽象、笼统、含糊等是评价语言的大忌,只有具体、清晰和有针对性,才能让学生听明白教师需要他做什么,怎么做。

任何时候,对于孩子的表扬都应该是具体的,具有指导作用的。要表扬孩子倾听过程中的进步,切忌仅仅用"你听得真认真"、"听得不错"这样含糊其辞的话。这样表扬,孩子根本不知道自己好在哪里,进步在哪里，以后要朝什么方向去努力。我真诚地对孩子们说：

"你跟上次比，听得认真多了，没有走一次神！"

"你能用自己的语言归纳×××讲的内容，听得真细心！"

"你真了不起！不但能总结×××的发言，还作了补充，真不错！"

还有这样一些同样具有"具体感"的评价：

"大家看，他不仅听懂了别人的发言，还加进了自己的想法，多棒呀！"

"他真厉害，一下子就能听出同学发言的主要意思！"

"他的眼睛一直看着发言的人，他听讲多认真。并能指出不足及时补充，我们应该向他学习。"

"你倾听得真仔细，这么一点小小的区别都被你找出来了，你的听力可真了不起！"

"你听出了他的不足，可真帮了他的大忙！"

"看，芳芳听得多认真呀，眼睛亮亮地看着老师。看到她的眼睛，我讲课更有自信了！谢谢芳芳。"

如此评价学生，比"你真会听"、"你有一双灵敏的耳朵"、"耳聪目明，你真是个聪明的孩子"更进一步，更具有明确的导向性，也因此更能提升学生的倾听能力。

要点之五：要有情感渗透。

好的评价，离不开情感的浸润和表达。教师恰当而又充满感情的评价语，会让学生更加乐听，乐表达，从而激发倾听的兴趣。例如，窦桂梅的课堂教学中，常常会出现这样的评语：

"你听得真认真,真是尊重别人的孩子。"

"这么小的区别你都听出来了,可真了不起,我跟你握握手。"

"你听出了他的不足,真该谢谢你。"

……

这样的赞扬、微笑、握手,渗透了教师的情感,从而把喜悦带给了孩子,把温暖给予了孩子,更让成功激励了孩子。这样的课学生怎么会不认真听呢?

要点之六:要有奖励机制。

这是评价机制的核心。为了激发和满足学生倾听意义上的成功欲,有教师除了定期检查记录外,还在班内建立了奖励机制,实行积分制,当学生的积分达到一定标准时,便可以获得相应的奖励:一片"加油"叶、一朵"成功"花、一个"你真棒"的卡通人物粘片。而且定期评选"进步之星"、"倾听小能手"。学生们的热情得以再次激发,倾听能力也将会在潜移默化中真正得以形成和提高。

这一机制的建立,目的是帮助学生实现由"强迫听"到"乐听",由"自发听"到"自觉听",由"无序听"到"会听",由此逐步提升学生的倾听能力。

5. 通过"榜样示范",激发学生倾听

"榜样的力量是无穷的",这虽然是一句套话,但却是一句实话。"用榜样感染学生,促其想听",也是激发学生倾听兴趣的基本策略。

学会倾听,是一个人终身学习和工作必备的素质,是一个人良好修养的体现。为了帮助学生懂得这一点,针对小学生善于模仿的特点,教师在学生发言时,不要轻易打断学生,要时刻以自己真诚的态度、专注的神情

去感染学生，即使发现了错误，也要等学生的发言结束后再予以纠正。除此之外，还可以借助班、队会的时间召开故事会，使学生从自己敬仰的名人身上感悟倾听的重要。真实的故事，触动了学生的心田，震撼了学生的心灵。有的同学在日记中写道："我懂得了：只有学会听别人说话，才能发现对方的不足，才能变被动为主动。"还有的学生联系自身实际，发自内心地写道："我是个急性子，每次小组讨论时，我总嫌别人说得慢，自己就抢着说，现在我懂了，不会倾听，会使自己失去许多与别人交流的机会……"就在听、评、写的过程中，学生真正从思想上认识到了倾听的重要。

除了名人之外，对学生而言，最好的榜样对象是教师和同伴。尤其是教师，这位学生身边的人，是否有倾听的意识、方法、能力和习惯，是学生最直接的倾听参照系。教师要做好学生的倾听榜样，最好的办法是提供具体而微的倾听示范：教师把倾听什么，如何倾听，都像理化教师做演示实验，体育教师做演示动作一般在课堂上过一遍，甚至包括倾听后的表达与评价等，都做成范例，使学生有法可依，有式可参。这比起反复说教要强得多。

有教师进行了这样的"倾听示范"：

关于怎么听，我一方面给学生作示范，因为榜样的力量是无穷的。在学生发言过程中，无论学生发言的质量如何，我从不随意打断学生的发言，并通过点头、微笑、目光交流、手势、语言应答等不同方式对其作出回应。另一方面把自身的体会告诉学生，倾听要努力做到"四心"，即虚心、用心、细心和耐心，进而让学生明白：倾听是一种学习，一种沟通，一种尊重，倾听能使我们博采众长，触类旁通，弥补自己考虑问题的不足，也能使我们萌发灵感，还能使我们养成尊重他人的好习惯。

又如：

无论学生的发言是对还是错，是口齿伶俐还是吞吞吐吐，我都会专心去听，偶尔可作提示，但绝对不会去打断。班上有一男生，特别喜欢说，但他的发言不说是离题万里，至少也得绕上几圈才能接触主题。我总是耐心听完，有时稍作点拨，有时用简洁的话概括主要意思，再微笑着问："你讲的是这个意思吗？"教师专心的神情、倾听的姿态会像底片一样印在孩子们的脑海里，使他们在日常生活中去效仿。

6. 通过"方法指导"，激发学生倾听

学生是否有倾听的兴趣，在很大程度上取决于他是否感知到"教师的在场"，是否感受到"教师的同在"。教师在场或同在的方式，不只是"身在"、"心在"，更是"言在"，即对学生的倾听进行具体指导，让课堂上的每一次倾听都包含有效的指导：

孩子能意识到要尊重别人，认真听别人的话并且在行动上控制自己的言行，那已经是了不起的进步了。接下来最为关键的就是指导孩子学会"听什么"和"怎样听"了。在对说话的孩子说完"说给大家听"之后，不要忘记正在听的人："认真听，听他说的符不符合情况。""边听边想，他说的对不对，你还有什么要补充的。"第一句话是提醒听者要注意明白说话人说了什么内容，重点是什么。可以通过让孩子复述听到的内容，来检验他听得是否认真，也可以通过这样的形式来训练孩子"听"的能力。第二句话是提醒听者不能只听不思考，要有所补充和改正，这是更高层次的"倾听"，是人与人之间有效沟通的前提。

学生最需要最有效的指导，是"方法的指导"：

要实现学生的自觉倾听，离不开方法的指导，适时引导学生复述、补充、评价不失为一种良方，如：

"谁愿意当一次评委，评一评刚才同学的发言？"

"你同意这位同学的见解吗？还有不同的见解吗？"

还可以采用复述别人发言、指名补充等方式。经过反复的指导，学生在听同学发言时，才会自觉地去思考。

如上良方，还可以更加具体和有针对性。

所谓"具体"，是指可以对"如何复述"、"如何补充"、"如何评价"提出更加细致的要求。例如，有关"评价"，可以从"评价的角度"（多元化）、"评价的语言"（清晰、简练）等方面提出要求。

所谓"针对性"，包括针对"倾听需求"、"倾听目标"、"倾听困难"等进行指导，以满足学生需求，达成目标，解决学生的具体困难。

教给学生倾听的方法

提升学生倾听的能力，方法的习得是关键之所在。倾听方法的教与学，可以分成教的方法和学的方法。前者基于教师立场，后者则是学生立场。

只有教给学生倾听的方法，才能使其"会听"。已有的教学实践大致可以概括为三个方面：

一是明确"倾听任务"。

"在倾听过程中到底听什么？"这是必须给学生明确的。

例如：

听优点：发现他人的闪光点，为自己树立学习的榜样；培养说者的自信心。

听缺点：发现他人的不足之处，避免自己犯同样的错误；培养说者勇于接受他人劝告的品质。

听异同：听差别不大的话语，比较异同，大大提高学生听觉的灵敏度。

再如：

在教学中，我就明确地告诉学生这次学习的目的和任务，让学生带着任务去倾听，听后我马上问："刚才你听懂了什么？"学生在回答之前，就必须对自己刚才听到的材料进行加工，然后提取有用的信息，或者具体或者概括，有针对性地作出回答。比如，教学《新型玻璃》时问："今天老师带领你们去认识一些奇妙的玻璃，请你们仔细听老师读课文，听完后说说，你印象最深的是哪种玻璃？"接着，我娓娓读来，听完我的朗读，学生马上举起了小手。第一个说："有夹丝网防盗玻璃。"话音刚落，第二个学生马上说："还有变色玻璃、吸热玻璃。"……如果当时我没有交代清楚倾听的要求，那么学生就不会很快地说出课文中那些玻璃的名称。

二是细化"倾听要求"。

先来看一位教师的"倾听反思"：

有一次我教学《罗密欧与朱丽叶》，布置了一道作业，要求男生以"我是罗密欧"开头，女生以"我是朱丽叶"开头，联系节选部分，概括二人的性格特征，特别注意他们的情感变化。结果在交流的时候，好多同学立足于原著的故事情节，而忽视了节选部分的文字。我在"教后记"里反思：为什么会出现这样的现象呢？可能与我没有明确相关要求有关。这里的要求就是课上要让学生知道听什么、怎么听，听后要做出哪些反应等等，其中最重要的就是让学生知道怎么去听。

倾听要求的缺失，以及倾听要求的抽象与含糊，常常是导致倾听低效、无效的主要原因，为此，实现教师倾听要求的具体化、明晰化，是教给学生倾听的首要一步。

例如：

我们在课堂上要求学生学会倾听，可到底怎样才算认真听呢？学生会感到比较迷茫。我们应该给学生一个具体的、可操作性的、细化的要求。我参考了侯月琴老师的做法，在教学中提出了"学会倾听要五心"，即倾听时做到：一要专心，无论是听老师讲课，还是听同学发言，都要听清老师或发言人说的每一句话，脑子里不想其他事；二要耐心，不随便插嘴，要听完别人的话，才发表自己的意见；三要细心，当别人的发言有错时，要求学生学会评价同学的发言，做到不重复他人的意见，自己的意见要建立在他人发言的基础上或者提出新颖的想法；四要虚心，当别人提出与自己不同的意见时，要能虚心接受，边听边修正自己的观点；五要用心，在听取他人意见时不能盲从，要有选择地接受，做到"说"、"听"、"思"并重，相互促进。

又如，同样是"专心"听，教师将重心放在引导学生如何尊重发言者上：

当同学发言时，注意力要指向发言者，静静地听完发言后再发言，不随便打断、不嘲笑、不起哄、边听边思考、不随便给予否定，待发言者说完后才能对其观点作出简要评价，或提出意见或补充。如果同学的回答与自己的思考一致，则以微笑、点头表示认可或赞许，从而形成倾听的优良品质。

当学生知晓了、明确了如上具体而微的倾听要求之后，自然产生了"倾听成效"：

明确了要求，学生变被动为主动，变消极为积极，听得更有针对性了。我欣喜地看到：现在的语文课上，当一个学生发言时，课堂瞬间就会安静下来，有时候后面的学生发言，前面不少学生都会不自觉地扭过头去，目不转睛地看着发言的学生，聚精会神地听他（她）发言，用心捕捉每个细节，生怕遗漏了重要信息。以前那种闭目养神，或只顾做自己的事情，或窃窃私语的"事不关己，高高挂起"现象陡然不见了。

三是开展"倾听讨论"。

例如：

课堂上，我会经常提问其他的学生：你同意刚才发言同学的观点吗？为什么？你有自己的看法吗？别人为什么会这样认为？……鼓励学生互相展开讨论及辩论，引导他们思考自己想的与别人讲的有什么不同，为什么会有这样的不同。这样学生就能边听边与他人进行对比，找出与别人的区别之处，发表自己的观点。经过这样的辩论，学生既学会了倾听，又保持了理解的心态，改变了以往专为找茬而听别人讲话的情况。而当他们讲得精彩的地方，博得同学的掌声和肯定时，他们学习的信心与兴趣更大大地加强了，倾听效果有明显的增强。

如果将倾听方法的教与学，放置在教学过程的设计之中，可以考虑尝试运用具有典型"新基础教育"特色的"教结构用结构"的方式推进。

所谓"教结构"，是在课堂的前时段教给学生倾听的"方法结构"。请注意：不只是教"方法"，而且教"方法结构"，即将点状、零星、碎片化的方法"结构化"，注意不同方法之间的关联、衔接和转化，如将倾听中的"思考比较"与"即时动笔"结合起来，把想出来的写出来等，从而实现"结构关联式"的教学。

所谓"用结构",是在课堂的后时段引导学生将学过的倾听方法,用之于新的倾听对象之中。

在"教结构用结构"过程中,有如下要点值得教师关注:

(1)方法要有讨论。

"教给"学生的倾听方法,不是直接"塞给"学生的,而是在师生之间、生生之间互动讨论中逐步生成的。

(2)方法要有总结。

在讨论中一定会形成各种各样的想法、说法和做法,教师需要有适度的停顿,给学生一个自主总结的机会,通过"把总结权利还给学生",避免教师对学生的替代。在此过程中,板书的运用看似只是一个细节,但却对总结的质量至关重要。这要求教师根据学生的总结,及时在黑板上提炼、归纳、梳理,并提醒学生即时动笔,把教师的板书变成学生的笔记。

(3)方法要有运用。

这种运用的特点是"即时性",也就是通常所言的"学了就用",它不仅是对学生方法积累的激活与唤醒,也不只是巩固与提升,更是一种"沸腾"和"力量",方法运用的过程内含了一种内生力和创造力。

(4)方法要有评价。

当学生运用了刚学到的倾听方法之后,一定要有评价跟进。从"谁来评价",即"评价主体"来看,除了教师评价之外,同学之间也可以相互评价;从"评价什么",即"评价对象"来看,要依据之前已经讨论生成并达成的评价方法、评价标准和评价要求来评价;从"怎么评价",即"评价方式"来看,依然需要教师对基于倾听的评价方式,包括评价语言,进行更加细致和有针对性的引导与训练。

(5)方法要有提醒。

教师的提醒是多场合多方面的:在学生运用倾听方法前,提醒学生不要忘了用刚才大家总结的方法来倾听。在学生运用倾听方法的过程中,提醒学生注意方法的要点和细节。在学生运用倾听方法之后,一方面,教师要提醒运用者自我反思与评价,是否用上了刚才总结的倾听方法,以及如何运用的;另一方面,提醒评价的学生,以倾听方法为视角和眼光,评价同伴的倾听质量与倾听成效。

(6)方法要有重建。

当某种或某些倾听方法得以运用并得到了评价反馈之后,无论是学生的自我反思与评价,还是老师和同学的评价,涉及到倾听方法运用的缺点和不足之时,尽量给相关学生一个重建的机会,进行"一度重建"、"二度重建",或者"多度重建"。

让倾听成为伴随一生的习惯

如果一个人告诉我,他没有时间阅读,我从来不相信,更不会认同,甚至隐约有些"嗤之以鼻"……道理很简单,不是没有阅读时间,而是没有养成阅读的习惯。如果有阅读习惯,无论多忙多累,无论何时何地,他都会阅读。

倾听的道理也是如此。只有倾听变成学生的一种生活习惯,倾听才可能真正成为他们生命世界的一部分,从此不可分割,从此与他们的生命同在。

一旦倾听变成了人的习惯,意味着倾听不是在特定情境下,偶尔为之的行为,而是"人人事事时时处处"都可能随时发生、持续出现的行为。

在这个意义上,倾听不是"奢侈品",而是"日用品"。

接踵而至的问题是:如何才能帮助学生拥有这样的倾听习惯?

归纳起来,有三大关键要点:形成"倾听意识",建立"倾听常规"和促进"倾听反复"。

(1)形成"倾听意识"。这是倾听习惯培养的起点。意识主导行为且引领行为,有倾听意识的人,虽然不一定有强大的倾听能力,但至少会有一定程度的倾听习惯。学生的倾听意识,需要教师的不断强化:

每接手一个班级，从第一节语文课开始，我就抓住机会郑重地强调，听和说同等重要。说是表达自己的观点，让别人明白，听是尊重别人，弄懂别人的意思；说要大胆，听要专心。老师欣赏积极发言的孩子，同样也喜欢专心倾听的同学。在专心倾听的基础上，再生成自己的意见，发表自己的见解，那是倾听的最高境界。在明确了要求之后，我常常和善而亲切地提醒学生："听他把话说完，好吗？也许，他有他的道理呢。"反复强调，多次重复之后，孩子们一般都能等别人把话说完，并努力去理解、思考同学的发言。即使这个学生的发言中有错，其他学生迫不及待、跃跃欲试时，我也会用手势或眼神提醒他们耐心等待。这样，他们再发言时就多了几分冷静的分析和理性的思考，发言的质量大大提高。

教师对学生倾听意识的强化，除了适时到位的提醒、鼓励和表扬之外，自身的"倾听示范"也具有不可忽视的作用。这里的"示范"，首先是一种"尊重示范"，核心在于"尊重学生"：

在进行学习方式教育时，应特别注意学生倾听习惯的培养，尊重学生。因为我们教师的一言一行、一颦一笑、一声问候、一个抚摸、一句赞赏，无不洋溢着对学生真挚的爱和尊重。同样，同学们的注视，也洋溢着对发言的同学的一种尊重。当学生回答问题时，我们要面带微笑注视着他，认真地倾听他的回答，这让回答问题的学生感觉到老师和同学们都在尊重他，都在认真地听着他的回答，使他有一种自豪感。在课堂中，常常会有部分学生不注意倾听，教师不要去训斥责骂数落他们，而是礼貌地请其起来回答问题。比如，有一次我在教学"计算长方体的体积（长20厘米，宽1分米，高12厘米）"时，有一个学生在玩他新买的笔。我发现后，就提问他这个长方体的体积是多少。他马上回答说"20×1×12=240（立方厘米）"。他的声音刚落，其他同学一边把小手举得高高的，一边说着:"老师,我来帮帮他。"我及时地表扬了我们班的同学耳朵灵,学会了认真倾听别人的发言。同时,我也没有指责这位不认真听课的学生,而是叫另一位学生帮他纠正了他的错误。下课后,他来到我办公室不好意思地说:"我错了,老师,以后上课我再也不玩东西了。"在这种师生双方情感体验的过程中,我相信以真诚、平等的心态尊重学生,同样会换得学生对老师的尊重。通过这样"润物细无声"的教育,我发现学生们在上课时都能做到自觉地倾听。因此,在培养学生良好的倾听习惯中,教师首先要用一颗诚挚的爱心尊重每一位学生,耐心开导,循循善诱。

又如:

身教胜于言教,要学生学会倾听,教师自身也要用心听学生的发言,做好榜样。课堂上,当学生在发言的时候,我都会停下所有的动作,认真仔细地听他的发言,听完后作出回应,让发言的学生体会到老师对他的尊重,也让其他的学生有个学习的榜样,同时也会在适当的时候引导学生像老师一样认真地听别人的发言。

(2)建立"倾听常规"。"常规"之"规"是规范、规则,"常规"之"常"是日常,也是恒常。常规的建立,需尽早开始:

开学伊始,老师们都会围绕《小学生守则》等对学生进行常规教育。倾听习惯的培养就是我对学生进行教育的一项内容。在开学初的一节语文课上,我就在黑板上写下"倾听"两个字,请学生说说意思。当学生明白"倾听"就是细心听取的意思时,我就加以补充说倾听更是一种礼貌,是对说话者的一种尊重。接着,我顺势引导,和学生谈起了中国的礼仪:"当别人对你说话时,你应该用眼睛看着他。说明你很尊重别人,是个文明的学生！如果别人对你说话，你不看不听，说明你对别人不尊重，是个不懂礼貌的学生！现在，老师想看看哪些同学是有礼貌的孩子。"当听到我说这几句话的时候，全班的学生们一个个坐得笔直，全神贯注地看着我，期待我的下一句话。接着，我及时地对学生们进行了表扬："瞧，我们班的同学都会倾听了，老师讲话时，个个都用心听着。这里老师再提一个要求，不单单老师讲话时，同学、朋友、家长等讲话时，我们都应该用心听，能做到吗？""能！"全班学生异口同声地回答。于是，我趁热打铁，对学生说："现在，我们就围绕倾听这个话题展开讨论，大家各抒己见，注意别人说的时候你要倾听哦！"这次讨论可以说是一举多得，说的同学和听的同学都受到了教育，为倾听习惯的培养打下了基础。

（3）促进"倾听反复"。习惯的培养之所以非一朝一夕之功，在于需要反复强调，持之以恒，才能逐渐内化和积淀为"习惯"。

学生倾听习惯不是一朝一夕就能养成的，课堂教学中，我会经常从各个方面检验学生是否倾听教师和同学的发言，以此来反复强调。比如平时注意观察学生的神态动作，或者随意指名某个学生重复刚才发言的同学所说的话等等。对于那些能认真倾听的同学，我会表扬他们，让其他学生有了仿效对象。例如，我在上五年级的《日新月异的电视机》时，告诉学生课文介绍了7种新型电视机，其中4种文中写得比较详细，然后我把这4种板书在黑板上。在总结课文时，我问学生文中写了几种新型电视机，有个别学生没有注意倾听，只说出了4种（这正是板书在黑板上的）。我并没有对他们的回答作出判断，而是把眼睛望向了其他学生。这时，又有一些小手高高地举了起来，他们告诉大家："是7种。"我当堂表扬了他们，并告诉大家："刚才这几位同学能正确地回答老师的提问，是因为他们会倾听别人说话。而回答不完整的同学，你们去想一想，自己找找原因吧。"

刚才不专心的学生马上低下了头……经过了一段时间的反复强调，学生在专心倾听方面有了很大的进步，当有同学在课堂上发表意见的时候，其他学生都能自觉地停下手中的动作，认真去听发言的同学讲了些什么。学生初步养成了倾听的习惯。

接受如上"倾听习惯"教育且真正内化的学生，将会终身受益。这就是对学生进行"倾听教育"的终极目标之一：让倾听成为伴随一生的习惯，从而持续一生和绵延一生。

对学生进行倾听训练

所谓"学会倾听"之"学会",既指向于"意识"与"方法",也指向于"技能"与"习惯",其中"倾听技能"是训练的核心目的。丹尼斯在《美国教学创意手册》中指出:"倾听的能力包括理解教师口语表达的信息和能在头脑中将语言转化成意义两部分。"无论何种技能的习得,都需要学生的"感悟",更需要"训练",而且是持续系统的训练。如同成尚荣所言:

倾听不是单向的,即倾听不只是对教师的要求。我们还应关注和培养学生的倾听意识、倾听品质。实践中,我们常常发现不少学生不愿倾听、不会倾听,其中不乏以下原因:一是心浮气躁,二是未能形成良好的习惯,三是教师没有严格要求和训练。我们应把学生学会倾听当作教育的任务和目标。只有学生学会倾听了,师生、生生的对话才可能实现。

有效的倾听训练,需要教师提供有效设计、有效组织、有效途径、有效方法。

1. 有效的倾听训练，需要有效设计

这意味着教师需要把"倾听"纳入到教学目标、教学内容、教学方法和教学环节的整体设计架构之中。换言之，教师在教学中要有意识、有目的、有计划地增加"听"：

在以往的语文教学中，听说训练并没有在具体的语文课堂教学中真正落实。语文课堂上，我们也能听到教师让学生听录音、听音乐、听词语、听句子，然而在许多情况下往往是一种点缀。仔细剖析一下，就会发现很少听到教师提出具体的倾听目标与要求，很少指导学生应该怎么去听。就是在许多教学设计中，也很少有听力训练的教学环节。

所以，要想规范"听读教学"，首先要求教师在课堂教学中必须增加"听读训练"的教学环节，在教学目标的设计中确定本节课的"听读目标"。如倾听同学朗读课文，能听出读错的字词、语气的不同。

在基于倾听、蕴含倾听、指向倾听的教学设计中，教学内容的选择是核心之一，它需要教师根据年龄阶段选择"听读训练"的教学内容，并做到循序渐进：

如果想让学生参与听、乐于听，就应选择贴近学生生活实际的内容，选择符合学生年龄特点的内容。因此，我们在挑选听读内容的时候还得注意文本语言的规范性、审美性。

听读初期，应选择口语较强的听读材料，要求不易过高。可多挑选儿歌、童谣、绕口令、谜语等篇幅短小、语言形象的口语听读材料。这既符合这个年龄段学生口语占优势的阶段性特点，又能增强学生听读的兴趣，便于初步培养听读的良好习惯。

当学生已有一定的书面语言积累，就可听一些儿童诗、童话、寓言、成语小故事、名人小时候的故事等主题积极向上，童趣盎然，语言生动形象，又有一些简单情节的内容。让学生在反复"听"中，在反复"说"中渐渐模仿、领悟、体会。这样，在"听读训练"中，学生阅读的兴趣和方法就得到了培养，说话、写话时运用的语言就会规范。

当学生的能力有所提高后，就让学生去接触一些访谈类的电视节目及名著等，并让学生在"听"中享受语言，让学生在"诵"中品味语言，在"说"中积累语言，在"写"中运用语言，从而提高学生的朗读、阅读、写作能力，并增强记忆力和想象力。

基于倾听的设计，意味着倾听是一种视角和眼光，弥漫、弥散和渗透于教学设计的方方面面，包括作业设计，已有的代表性实践探索涉及到：

（1）改进作业形式，增加听的作业。我们不妨经常在作业中增加一些听的练习，如低年级可开展每天听妈妈讲一则故事，比一比谁讲的故事最完整、最精彩，在班里评选星级学生；中高年级学生可在家听爸爸、妈妈讲一些名人故事，在社区搜集一些传说、民间故事，听取一些社会新闻，开展社会小故事集锦比赛等。这样做，既能丰富学生的课外生活，增强他们相互间的交际能力，无形中也促进了学生听的能力。

（2）改变布置作业的形式。一是把抄黑板上的作业要求，改为听写老师口述的作业要求；二是对一些家庭作业、实践作业的要求，由教师口述，明确口述的遍数，并告诫学生不能相互询问。这样，学生都能静下心来听要求。久而久之，学生听的习惯好了，听的能力就能得到较大的提高。

2. 有效的倾听训练，需要有效组织

要义是创设基于倾听的课堂文化，营造浓郁的倾听氛围，让学生体验

到相互倾听的快乐：

教学中，教师要善于不失时机地创设体验的环境，引导学生主动倾听。当学生急于要发表自己的见解而欲打断别人的发言时，应耐心地提醒他："请等一下，耐心地听一听，也许这位同学下面的发言会很精彩呢。""比一比，看谁最懂得尊敬别人，能安静地听完别人的发言。"如发现有的学生注意力不集中，应及时地问他："你听清楚了吗？能再说一遍吗？"如果该生不能说清，应再找一名学生复述，请他再听一遍，答对后可给予表扬，并婉转地指出他的不足，鼓励他改正刚才的错误。对认真倾听的学生要多鼓励，如："你真是一名专心听讲、勤于动脑的孩子呀！""真棒！你能综合大家的见解，回答得真全面。"对于表现特别突出或进步明显的学生，应该号召全班学生通过语言和动作来赞扬他们。应使不同表现的学生都能品尝到"认真倾听"后所取得的成功与快乐。

3. 有效的倾听训练，需要有效途径

凡是有人说话的场合，都可以进行倾听训练。任何一个学科的课堂里，也都能够进行倾听训练。相对而言，语文教学的倾听训练，有比较系统的倾听途径和渠道的设计，包括口语交际、阅读教学和写作教学等。

例如，作为倾听训练途径的口语交际：

听述训练，就是对所听内容的复述。有位教师执教口语交际课《气球》，安排了一个很好的听述训练。这一训练分两个环节。一是："同学们，你们认识了哪些气球娃娃，你是怎样跟气球娃娃一起玩的？你能去告诉你的好朋友吗？"二是："刚才你的好朋友告诉你什么话？你对他的什么话印象最深？"在富有童趣的转述中，学生的倾听能力和表达能力得到有效训练。

听辨训练，就是对所听的新闻、故事、报告等作出评判。这种训练能提高学生倾听的注意力、判断力和辨别力。如在学习四年级听说训练《自我介绍》时，曾安排了这样的问题："听了刚才×××同学的自我介绍，你觉得他介绍得怎么样？你觉得他什么地方介绍得好？有什么想对他说的吗？"口语交际是双向互动的过程，这种听辨训练非常适合在口语交际课上进行。另外，还可以结合学生的年龄特点和兴趣开展"猫捉老鼠"的游戏，如给一个绕口令让同学读，其他同学扮猫听，如果能听出错误，就是抓到了"老鼠"。这种游戏，学生兴趣很浓。

听答训练，就是听了发言后能回答发言者提出的问题。可以回答是什么，或是对是非的阐述、解释分析、补充说明等等。这是一种最常用的培养倾听能力的方法。在语文课堂上，这种听答时刻在发生。

听记训练，就是听别人说话以后能记住，并把听的内容写下或说出来。听记训练重点在指导。可以让学生听一段话以后写或者听故事或广播以后说。这种训练对提高学生倾听的注意力以及记忆力、耳脑并用能力有很大的帮助。

听问训练，就是听了发言（或学习材料）以后能针对发言（或学习材料）提出问题。这种训练有一定的难度，但只要教师加以创造性地设计，一定能取得较好的效果。如学习《狐狸与乌鸦》后，设计了这样一个听问训练："刚才有同学说这只乌鸦可怜，也有同学说要批评这只乌鸦，那到底是该可怜它呢，还是要批评它？现在我们分两个辩论小组，一个是同情组，一个是批评组，请你们自由选择，准备五分钟后我们两组开一场辩论会。"

又如，作为倾听训练的写作教学：

听赏训练，指在作文教学中，给学生提供范例，让学生倾听、欣赏。

听改训练，指教师或学生读一篇需要修改的作文，其他同学听，听后指出毛病或提出修改意见。

听评训练，指听同学的作文，听后对这篇作文作出评价。

听说训练，指让同学听广播新闻或故事，然后根据所听的内容谈谈或写写自己的感想，使学生的倾听能力得到综合运用。

4. 有效的倾听训练，需要有效方法

最普遍的方法是"活动设计"，在活动中进行倾听训练。如借助每节课前的三分钟，通过新闻发布、背诵名篇佳句、三分钟演讲、新书介绍等活动进行听力训练，引导学生边听边想，下课后还请学生凭记忆记录下来，并写出自己的认识。此外，游戏活动也是普遍被采用的训练方法，包括学生喜欢的听记游戏，如传话游戏、鹦鹉学舌游戏等。

最典型的方法是"专项训练"，培养倾听的专注力和记忆力。根据不同的训练目标（如倾听的准度、广度、速度），采用不同的训练方式，对某些倾听技能进行专门训练。相对成型的训练方法有：

（1）听读接力。检查学生读书情况时，我采用了一种新的方法——以开火车的形式读，如果读错了就要停下来换下一个人。（听的同学特别认真，读书的同学更认真，这是我始料未及的效果。）

（2）练习听写。听写是个训练学生听力的良好途径，可听写词语、句子、课文片段。在听写时，报的遍数可先是多遍，过段时间就开始减少为两遍、一遍，以培养学生的专注力。

（3）听评。先听发言后评价。听同学朗读时，可突然刹车，指名其他学生从朗读的技巧及情感方面去评价。

（4）听后复述——转述或概括别人的发言。如上课时复述同学和老师讲过的话：刚才同学说了什么，你能再说一遍吗？在听完同学的发言后，我常以这样的问题来问学生："你听明白了吗？那你也来讲讲看。"让学生

转述他人的发言，提高学生的注意力，检测学生倾听的效果。

（5）听读。利用晨读或者阅读课时间，教师选择儿童感兴趣的课外读本，声情并茂地朗读给孩子听。在读的过程中，间或停下来让学生猜测一句话中的一个词语、故事里面人物的语言，设想故事中的一个情节或者故事的结尾，有效地训练孩子的倾听能力。

（6）听答训练。这种训练是培养倾听注意力和倾听判断力的最有效方式之一。在课堂上，专门设计一些判断题、改错题，让学生积极参与学习、讨论，再根据学生的表现，评出"小医生"、"小小评论家"、"小博士"、"小小设计师"等。这些荣誉称号对于孩子们来说都是非常有吸引力的。

（7）听记训练——传口信。①游戏"交头接耳"。把学生分成几组，老师在第一个同学耳边说一句悄悄话，然后让他把此句传给下一个同学。待传话结束，请各组的最后一位同学把听到的这句话写在纸上交给老师。这个游戏有趣，可操作性强，更重要的是，在欢声笑语中，既可锻炼学生倾听的能力，又可培养团队合作精神。②口头作业。学校、班级的通知，有意让学生做传话员，口头通知家长或同学，口头布置课后作业和家庭作业。每次布置家庭作业时只讲一遍，语速稍慢。家庭作业也尝试让学生不要记在本子上，而是记在心里。

（8）听辨训练。争辩的基础是认真地倾听，学会在听中思考。只有认真地听清别人的观点，明白其优劣，才能很好地进行反驳。

无论是何种倾听途径与倾听方法，都需要教师秉持学生立场，从学生的实际状态和需要出发，作为倾听训练的起点和出发点，作为倾听训练目标、方法和环节设计的依据。

在审辩式倾听中提升学生思维能力

我一向倡导和推崇这样的观点：人的一生要拿三块牌：

第一块是铜牌，它是"人的知识、经验、技能和学历"；

第二块是银牌，这是"人脉"，意味着丰富的社会关系和社会资源；

第三块是金牌，它是"思维"，强大的思维能力和良好的思维品质。

三者融通者，才可能登上事业的山顶。

同样，我培养自己的学生，总是希望他们经过三年或四年的学习之后，能够把四样东西带走：好的心态，好的口才，好的笔头，好的思维。其中好的思维，是我对学生最高的期待，它贯穿于心态、口才与笔头之中。

何以将倾听与思维联系在一起？

倾听是一种多感官交织融通的行为，它不只是"听"，也包括了"看"，更涉及到了"想"和"思"。尤其是后者，它表明：倾听拥有思维的内涵，具有"思维的含量"。认真倾听的过程，也是思维运作的过程，更是思维能力提升的过程。

人的思维能力涉及到方方面面，当下备受关注的是"审辩式思维"能力的培养。审辩式思维一词最早由美国学者格拉泽尔于1941年提出。他认为：

在一个人的经验范围内，有意愿对问题和事物进行全方位的考虑，这种态度就是审辩式思维。

审辩式思维是合乎逻辑的有关质疑和推理的方法，以及运用这些方法的技能。

西方学者普遍认同审辩式思维的思想根源是"苏格拉底对话模式"。如前述所言，苏式对话的方式是启迪和思辨——让对话一方意识到自己的无知，然后通过大量的问答反复进行诘难和归纳，以澄清概念和观点，最终得出正确的结论。苏格拉底认为智慧是被发掘出来的，而不是被给予的，辩论即是在启迪和发掘智慧，是得到智慧的最有效途径。这样的对话离不开对话双方的"相互倾听"，换言之，无论是发掘智慧，还是得到智慧，都必须从倾听开始、在倾听之中进行。

倾听与思维水乳交融，不可分离。具体到审辩式思维与倾听的关系而言，二者之间的内在融通或关联点至少有三个方面：审辩式思维的内涵、审辩式思维的教育途径、审辩思式思维的教育方法。

1. 从审辩式思维的内涵来看，它与倾听不可分割

对于基于倾听的审辩式思维模式、思维能力的研究，发端于20世纪20年代。杜威把这个原本属于哲学认识论范畴的概念引入到教育界，确定了"反省性思维"作为"审辩式思维"的名称、性质和结构的基础，并且指出，概念、分析、综合、判断、理解、推理、假设、检验等是审辩式思维能力的基本要素。所谓"反省"，在倾听的意义上，既包含了倾听他人之后的返回自我，也包括了纯粹的倾听自我，善于自我倾听的人，是善于自我反省的人。

杜威的界定，更多是从哲学的角度提出的，后来者，特别是20世纪中期开始，人们对"审辩式思维"内涵的解读，拓展到更多的学科。

例如：

从心理学的角度，斯腾伯格提出："审辩式思维是运用策略以解决问题，得到结论和学习新概念的心理过程。"

从教育学的角度，拜尔认为，审辩式思维是"强调有效地收集、评价和运用信息的能力和倾向"。

更多学者从审辩式思维能力包含的内容的角度，尝试对审辩式思维进行综合性定义，认为它包含如下内容：

提出关键性的问题和难点；

收集和评估相关的信息；

运用抽象概念有效地解读信息；

得到合理的结论和解释，用相关标准和规范进行检测；

开放性思维，运用不同的思想体系进行重新思考、辨别和检验；

思考自己思考的质量；

有技能的、负责任的思考，有助于作出正确的判断，因其善于感知，依靠标准和自我修正。

不论哪一种角度，都有一个共识：审辩式思维涉及到对信息的收集、解读与评估。信息从何而来？无非两个渠道：观看和倾听。在更广泛的意义上，两者始终是交融在一起的：看往往内含了听，听又包含了看。

目前来看，越来越多的学者主张将审辩式思维划分为两个维度，代表性的划分方式有两种：

一种是将审辩式思维区分为思维能力和思维品质两个维度。

从思维能力的维度看，包括解释、分析、评价、推论、阐释和自我调控六项认知技能。每一项技能又包含若干子技能，可以分别对其进行评估和测试。

核心技能	子技能
1. 解释（interpretation）	1. 归类（categorization）
	2. 意义解码（decoding significance）
	3. 意义澄清（clarifying meaning）
2. 分析（analysis）	4. 观点探测（examining）
	5. 论证确认（identifying arguments）
	6. 论证分析（analyzing arguments）
3. 评价（evaluation）	7. 判断评价（assessing claims）
	8. 论证评价（assessing arguments）
4. 推论（inference）	9. 证据查证（querying evidence）
	10. 设想多种可能性（conjecturing alternatives）
	11. 导出结论（drawing conclusions）
5. 阐释（explanation）	12. 说明结果（stating results）
	13. 过程判断（justifying procedures）
	14. 展示论证（presenting arguments）
6. 自我调控（self-regulation）	15. 自省（self-examination）
	16. 自我纠错（self-correction）

从思维品质的维度看，包括三方面的内容：求真、公正和反思等。

能力和品质这两个维度说明审辩式思维活动不只是单一的头脑的运动，它融合了情感、经验、主动性和创造力，是精神和身体共同参与的具有建构意义的活动。

另一方面，审辩式思维活动不是个人的活动，必须由个人和他人进行协作才能完成。上述所言的"精神和身体共同参与"中的"共同"，也是两方面的：一方面，对个人而言，审辩式思维能力需要综合调动自身的经验、情感、主动性和创造力，实现"共同参与"。另一方面，就一个人与他人的关系而言，既然需要协作，就必然涉及到协作双方的相互倾听，以及以相互倾听为基础和前提的相互了解、相互尊重。

另一种是将审辩式思维划分为"认知"和"气质"两个维度。

在认知方面，前面已列举了审辩式思维所包含的 6 项核心技能和 16 项子技能；在气质方面，80% 以上的研究者取得的共识是，具有审辩式思维的人的情感气质特点表现在两个方面，一是对待生活的一般态度方面，一是面对特定问题的处理方式。

例如，在对待生活的一般态度方面，具有审辩式思维的人表现为：

对广泛问题的探究欲和好奇心；

努力保持自己具有广泛、畅通的信息来源渠道；

运用审辩式思维对各种机会保持警觉；

在理性探索过程中保持真诚；

对自身理性的自信；

对各种不同的世界观保持开放心态；

在考虑各种替代方案和多种选择时具有灵活性；

能够听取和理解其他人的意见；

理性评价中的公平意识；

能够诚实地面对自己可能存在的偏见、成见、思维定势、刻板印象、自我中心倾向和社会文化局限性；

三思而行，知错认错；

能够听取不同意见，接受那些理由充分的反对意见，并修正自己的观点和计划。

上述特性，实际上也是一个善于倾听的人，应该具备的特征：

善于倾听者，对广泛问题有探究欲和好奇心，因而有倾听的欲望；

善于倾听者，对各种信息高度敏感，会通过倾听持续拥有并拓展广泛、畅通的渠道；

善于倾听者，对各种不同的声音都有足够的尊重和理性的认知，能够在倾听中"对各种不同的世界观保持开放心态"、"能够听取和理解其他人的意见"，特别是"能够听取不同意见，接受那些理由充分的反对意见，并修正自己的观点和计划"。

2. 从审辩式思维的教育途径来看，它与倾听不可分割

审辩式思维包含的内容，对于学校教育有着非同一般的实践价值。大量实证研究表明，审辩式思维能力可学、可教、可发展，从而得出如下具体结论：

受过训练的中小学生在思维测试中的表现，好于没有受过这种训练的大学生；

处于不同的智力水平和不同的年龄阶段的人，都可以接受审辩式思维的教育和训练；

儿童的审辩式思维教育应该从培训认知技能开始，让儿童养成一种理性思维的习惯，有了良好的思维习惯，自然会逐渐地锤炼出一种精神气质。

一般而言，审辩式思维教育教学有两个途径。

途径一：开设一门独立的课程。

围绕真实世界中学生一定会遇到的问题，如以"怎样处理零用钱"、"我为什么需要属于自己的房间/电脑/游戏机"等为题，写一篇说理的文章，然后把论述读给父母或他人听。其目的在于对具体问题进行探究，并审视是由于什么因素的介入，得出了不一样的结论。明晰哪些结论是靠着经验，想当然而得出的，哪些是依靠理性思维，经过分析和判断而得出的。

途径二：渗透到其他课程的教学中。

研究显示，与阅读、写作、倾听和演说相结合的思维训练是最有效的学习方式。例如，在语文课上，学生学习审视文本的主题、内容、风格，作者的写作动机等等。教师可以设计分项练习，比如解读练习、分析练习、推论练习和辩论训练。

无论是开设独立的课程，还是与其他科目，如语文、数学等相结合，研究者们一致认定，思维训练应该是学校各年级的常规的训练，并且归纳出了将审辩式思维训练纳入课程大纲的四个要素：

提出真实世界中的具有挑战思维能力的问题；

分析问题；

评价资源；

作出决定。

要通过这两大路径，实现培养、训练和提升审辩式思维能力的目的，"倾听"不可或缺。它首先要求的是建立基于倾听的新型课堂文化。

一是新的教育目标：引导学生发展其认识和思考的深度与广度，而不是给他们所谓的正确的答案和结论。这样的深度与广度，唯有通过具有深度和广度的倾听，倾听更多的声音，获取更多的信息，才可能实现。

二是新的师生、生生关系，新的人际交流模式，新的环境与气氛。它要求师生之间、生生之间互为倾听者与被倾听者，通过相互之间的认真倾听，构建相互倾听的课堂氛围，让课堂弥漫倾听的气息。

三是新的教师角色。在审辩式教育教学过程中，人们把"教师"这个名称改为"助学者"——教师不再是颐指气使的权威，而是要走下讲台，到学生中去，变成求知者中的一分子，跟学生一起思考，并帮助每个学生将思想的胚胎完美地产生出来。助学就是思想的助产士。所谓"助学者"，其实就是"助听者"，帮助学生更好地倾听他人（教师、同伴和家人等），更好地倾听自我（把耳朵朝向自身，学会自我反思）。作为"助听者"的教师，还有一个使命和责任：在课堂上营造相互助听的氛围，让彼此的心弦相互敞开，在相互拨弄和弹奏中彼此聆听，让众人的思维进程和思维方式"可听化"。

3. 从审辩式思维的教育方法来看，它与倾听不可分割

审辩式思维能力的培养与训练，至少有三大方法，一是提问训练，二是表达训练，三是作业设计。

方法一：提问训练。

帮助学生学会提出并回答有思维深度、广度因而富有思维含量的问题。

美国从小学开始，有意识地让孩子提出并思考六个基本问题，逐步培养和提升审辩式思维能力：

Who——这是谁在说？熟人？名人？权威人士？想想看，谁在说这句话，重要不重要？

What——他们在说什么？这是一个事实（fact）还是一个想法（opinion）？他们说话有足够的根据吗？他们是不是有所保留，有的话出于某种原因没说出来？

Where——他们在哪里说的这些话？在公共场合，还是私下里？其他人有机会发表不同意见吗？

When——他们什么时候说的？是在事情发生前、发生中，还是发生后？

Why——为什么他们会这么说？他们对自己的观点解释得充分吗？他们是不是有意在美化或丑化一些人？

How——他们是怎么说的？他们说的时候看上去开心吗？难过吗？生气吗？真心吗？仅仅是口头表达的，还是写成了文字？

显而易见，这些提问要求，实质上也是"倾听要求"，更是对学生的"倾听挑战"。只有认真倾听，才可能高质量回答这些问题。

方法二：表达训练。

帮助学生善于表达，核心要求是学会用事实和逻辑支撑观点。为了鼓励学生的思辨，美国有些小学把一些基本思考模式做成引导句海报贴在教室的墙上，让孩子随时可以看到、想到，这样也就一点点把好的思维习惯培养起来了。它们包括八大思维引导和论证的基本句式：

我同意……，因为……

我不同意……，因为……

我觉得……，因为……

我推断……，因为……

我预测……，因为……

我质疑……，因为……

我认为……，因为……

我的理论是……，因为……

无论哪种句式，看似只是思考，但依然内含了倾听，是以倾听为前提，以倾听为过程的思考。

方法三：作业设计。

通过作业要求和完成流程的设计，将思维与倾听整合起来。

《南华早报》中文网前总编辑郑维，曾介绍过新加坡中学的一次课后作业：

作业以小组课题的方式进行，不是我们这边闷头把书本上的结论抄多少遍。一个小组五个人，一个组织者，五人共同讨论如何完成课题。

第一阶段，老师扔过来一个课题给大家：希特勒统治下的德国，是否曾给德国人民带来了好处？随着课题扔给孩子们的，是长长的书单。

第二阶段是查资料。老师给的书单超长,即使是不看内容只翻书页,那也来不及。所以小组的组织者就要分配任务,每人各查几本书,限定时间内读完相关章节,划出相关部分,摘录出来以电子邮件的形式向组织者汇报。

老师说:资料内容不限于他所指定的这些书,如果你想要个好成绩,最好拿出几本老师都没读过的书。

于是孩子们人手几本大厚书,什么《第三帝国的兴亡》、《希特勒暗堡》之类的,开始疯狂阅读。

书读了一大堆,资料也搜集了无数。

第三个阶段,定义,就是确定概念的具体含义。这个定义不可以随心所欲胡来,必须公正客观,拿到任何一个地方都说得过去。

首先需要定义"德国人民"。谁算是"德国人民"?谁又不算呢?是拥有德国国籍的人,才算德国人民,还是只要居住在德国,就算是德国人民?

孩子们定义不了,就去找老师。老师笑眯眯地回答:随便,这事你说了算——哪个定义最能体现出希特勒的影响,就用哪一个。

经过讨论和思考,最后孩子们用了后一个:只要居住在德国,就属于"德国人民"。为什么呢?如果不这样定义,一些被希特勒屠杀的人就可能被排除在外。一个有良知的人,不该把这些被屠杀的犹太人排除在外。

第四阶段,绘制图表,从政治、经济、社会、军事政策等各个角度,展开讨论。

一讨论才发现,这个希特勒也不赖嘛。他上台后大力发展军工,解决了500万失业人口的就业问题。战争之时,希特勒组织500万工人,修铁路修公路,发工资有饭吃,这难道不是好处吗?

进一步分析工人们的具体情况,发现当时所有的工人全被裹胁进德国工人阵线里头。他们没有罢工的权利,不允许加薪,不允许改善劳工环境，只有高强度的劳作，有时候甚至每周要工作 72 个小时。除此之外，工人收入中的很大一部分，还被希特勒控制的工会拿走支配。这些工人无异于奴工，怎么可能有快乐可言？

此外，年轻人没有工作的权利，他们必须上战场。而老年人要延迟退休，无休无止地工作；工作岗位奇缺，女性被欺骗早早辞工，让位给上了年纪的老爷爷……两方面的资料比对，孩子们就对希特勒时代的德国有了个全面而客观的认识。

第五阶段，完成论文。有了前面全面的分析，最不擅长于写的孩子，此时也是把键盘敲得噼里啪啦响。结论是显而易见的：希特勒时代，表面上好像给德国人解决了失业人口问题，但实际上，高密度化的组织，剥夺了工人的正常选择。他们被迫从事无休止的繁重劳作，个人权利却无丝毫保障，工人的生活并没有丝毫改善，反而是每况愈下。任何一个奴隶主都可以宣称，他手下的奴隶没一个失业的。但那绝对不是奴工们想要的。诸如此类。

第六阶段，各小组向老师报告，现场质辩。小组的课题报告，倘有资料不全、结论片面的缺陷，就会立即遭到其他小组的炮轰，一旦被轰到丢盔卸甲溃不成军，你这成绩可就惨了。

这种情况基本不会出现。当你沉下心，花很大精力钻研某个课题时，就很难会有思虑不周的把柄留给别人了。

这个作业设计的过程，几乎全程渗透了思维与倾听的整合：

在接收课题和查资料中有思维与倾听，需要听明白、想明白老师所提问题的内涵，并在分工查阅、分享和交流资料的过程中，保持相互倾听的状态。

在定义中有思维与倾听，对"德国人民"的定义是通过思考和讨论形成的，没有不同意见的相互倾听和辨析，这一定义无法达成共识。

在绘制图表中有思维与倾听，图表涉及到政治、经济、社会和军事政策等多个角度，需要学生听取不同角度的发言，并在倾听大家"你一言我一语"的讨论中提炼出自己的观点。

在完成论文中有思维与倾听，需要前期大量的思考与倾听，才可能把看到的、听到的、想到的写出来。

在现场报告与质辩中有思维与倾听，特别需要听懂别人的质疑，并快速辨析、整合已有资源，进行有理有据有针对性的回应。

既然审辩式思维教育过程中，思维与倾听如此不可分割，它实质上意味着"审辩式思维"需要"审辩式倾听"，审辩式思维能力培养和训练的过程，就是审辩式倾听培养与训练的过程。

让学生学会审辩式倾听的过程中，提升学生的审辩式思维能力，进而以此为切入点和突破口，整体提升学生的思维能力，成为当今中小学课堂教学的重要任务。

以教育戏剧的方式培养倾听能力

2003年，我以论文《教育生活中的表演——人类行为表演性的教育学考察》，获得教育学博士学位。从那时开始，我就预言，"教育戏剧"会成为未来中国教育的热点。现在看来，这一预言已经逐渐成为现实，教育戏剧热已然兴起……

有人认为，教育戏剧就是把戏剧应用于教育的方法，具体而言，是用戏剧的技巧做教育，主要利用戏剧艺术的假扮表演、剧本编创等等技巧，将儿童的学习过程放置在假设的情境中，让儿童在游戏中学习语言表达、肢体表现，激发创造力，培养沟通合作能力。

教育戏剧之于学生的教育意义和成长价值，早有多方面的研究、认识和结论。

2015年国际戏剧教育大会，英国乔·温斯顿教授分享了一个调查报告。在2009年到2010年之间一年的时间，多个欧洲国家中超过5000名年龄在13到16岁之间的学生参与了关于戏剧对教育中核心能力的促进的调查研究。通过定量和定性的研究方法，人们发现参与教育性戏剧和剧场项目的青少年在22个方面取得了不同的正面效果。接受了教育戏剧的学生更加有创意，是更有自信的交流者，在解决问题方面更擅长，更具创业精神，是更为积极的公民，更有幽默感和更能应付压力等。还有人认识到戏剧课程的最终目的不是传授知识，不是掌握戏剧表演的技巧，而是让学生认识自我。乐群合作、见贤思齐、同理心、沟通、妥协、体谅……这些宝贵的品质在戏剧表演中都得到了很好的培养。

这些由教育戏剧带来的宝贵品质，包括想象与创造、同理心、宣泄和解压、合作与沟通、自信、艺术气质等等。

以《凯文不会飞》为例，小燕凯文，因为喜爱阅读而耽误了学飞。到了秋天，鸟群要飞去南方了，唯独凯文不会飞。它的兄弟姐妹们会撇下它吗？它的兄弟姐妹是怎样帮助它的？凯文渊博的知识真的没用吗？最后学会飞翔了吗？活动中选取大量的肢体游戏，比如说用身体的不同部位打招呼，展示不同的飞行动作，引导孩子发现自己身体的表现力，感受语言之外的其他表达方式。通过身体表达、肢体扮演，可以帮助孩子深入了解故事的内涵，并切实站在故事主人公的立场上去体会和感悟。这既是一个动态阅读、开放阅读的过程，孩子们从中可以了解如何面对自己与别人的不同，如何在差异中寻找共通点，互相给予尊重和帮助，达到共同协作的平衡点等，同时也是孩子们想象力、创造力、合作力、沟通力等萌发及提升的过程，更是自我发现的过程。如同《第56号教室的奇迹》作者雷夫所言：

我们的演出不是为了得到掌声或经久不息的起立喝彩，而是关乎语言、音乐、团队合作、冒险、纪律、勤勉，以及自我发现。

如此林林总总的价值和意义，逐渐成为人们认识教育戏剧的"常识"。如果以"倾听"的眼光，再度审视和思考教育戏剧，能否在如上"常识"之外，产生"新识"？

一系列基础性、起点性的问题油然而生：

教育戏剧和倾听有何关系？

教育戏剧中的表演与倾听，有什么非同一般的独特关联？

教育戏剧有何倾听价值？如何实现？

在以往，人们普遍认识到：

教育戏剧方法注重的不是传统的儿童的戏剧表演，不是选些灵活漂亮的孩子反复排练，最后去做一台完整的剧目演出。教育戏剧更重视的是以对话、沟通为核心，在和儿童一起创建的戏剧情境中，让儿童以角色扮演、亲历其境、亲身实践，去思考、解决问题所经历的整个戏剧化过程。这涉及到创造性整合、合作性相遇、互为主体性操作等教育戏剧方式和理念，是戏剧艺术联系真实社会和教育的跨界美学实践。

从这里开始，显现了"教育戏剧"与"倾听"的联结点："表演"、"对话"、"沟通"。

世界上，凡是存在表演、对话、沟通的地方，就有"倾听"。

其中，表演联结了对话与沟通，它是人类特有的对话沟通的路径与方式。

表演过程中，倾听无处不在。

对于教育者来说，随之而来的教育教学问题是：

如何挖掘、实现和转化教育戏剧的倾听价值？

如何在教育戏剧的表演过程中，最大限度地为学生的倾听创造条件，培养其倾听能力？

与此相关，教育者需要思考并实践的是一系列更具操作性的"微问题"：

如何帮助学生形成"好的倾听"与"好的表演"的标准？

如何对学生明确表演中的"倾听要求"？

如何教会学生表演中的"倾听方法"？

如何引导学生进行表演中的"倾听评价"？

1. 形成"好的倾听"与"好的表演"的标准

这是一个前提性的问题：只有让学生知晓什么是"好的倾听"与"好的表演"，学生才可能更好地倾听与表演。

首先，需要将"好的倾听"与"好的表演"联系起来——这两个标准不可分割：

在教育戏剧场景中，好的表演，是能够基于倾听、为了倾听和在倾听中的表演，是能够敞开倾听、丰富倾听和提升倾听的表演。

在教育戏剧表演过程中，好的倾听者，不仅善于接纳、包容、汲取与己不同的各种声音，更能够通过对他人表演的倾听，即时捕捉、提炼、再造、利用并生成新的资源，成为自我表演的资源。概言之，善于在倾听和模仿他人表演中，学会自我表演。

这些标准，不应是教师直接"塞给"学生的，而应是基于具体案例，在师生之间、生生之间，通过对比和揣摩、对话和沟通，即互动中生成的。

2. 明确表演中的"倾听要求"

以上两类合二为一的标准，仍然是"抽象的标准"。要变为"具体的标准"，需要帮助学生明确"倾听要求"。与前述"认真倾听"的具体要求相比，教育戏剧中的"倾听要求"，相同之处在于，同样需要"专注"、"理解"、"评判"、"比较"和"动笔"等，不同之处在于，它更多地与"表演"联系起来，特别是涉及到对"他人表演"的倾听和模仿。

其中，最重要的是倾听不同表演者的立场与观点。

在名为《雪孩子》的教育戏剧展示课上，教师在课程伊始，给学生出示了一根"胡萝卜"，它来自于一个传说：传说很久很久以前，在森林边缘的一个村子里住着一群兔子，兔子们幸福地生活在那里，可是每年他们都会遇到一个大麻烦，那就是每年的冬天下雪的时候，他们种的胡萝卜就无法继续生长了，所以很多兔子就要挨饿。他们知道翻越到山的另一面，山的向阳面，能够找到新鲜的胡萝卜吃，可是当成年的兔子们都去找吃的的时候，兔子宝宝们就没有人照顾了。

在导入故事后，教师提出的问题是：

你觉得在这个时候，兔爸爸和兔妈妈需要一个什么样的人来照顾他们的孩子？

通过讨论，生成的答案是：

"他是一个善良的人"；

"坚强的、勇敢的人"；

"能力足够强大的人"；

"必须是一个有责任感的人"；

……

教师接着告诉孩子们：

兔爸爸和兔妈妈们，希望有一个这样的人能帮助他们来照顾自己的孩子，自己才能放心地外出寻找食物。有一年秋天，兔子爷爷得到了一根被仙女施过魔法的胡萝卜，只要在雪人的鼻子位置插上就可以使雪人复活，善良、坚强、勇敢、能力足够强大且有责任感的雪人，就会帮助他们照顾小兔子宝宝。

教师设计了表演的情境：

情境1："初见雪人的感受，对雪人提出期望"。

情境2："雪人睁开眼睛第一次看到世界，以及兔子们的反应"。

情境3："小兔子与雪人在一起的三天时间"。

第一天，雪人给小兔子们讲了一个故事，小兔子们听得非常入迷；

第二天，村子里来了圣诞老人，雪人陪小兔子们一起过圣诞party；

第三天，雪人帮助小兔子们赶走了不速之客。

情境4："屋子着火，雪人因为救小兔子而被融化"。

情境5："兔家族会议讨论对雪人的处置"。

在我看来，最引人瞩目的表演情境，是"家族会议讨论"。由于雪人无法救出小兔子苏菲，兔子妈妈要求把雪人的鼻子拔下来，兔子爷爷不知道怎么办，于是召开了家族会议。在家族会议上，作为表演者的孩子们发出了立场迥异的不同声音。

有的支持苏菲妈妈：

——难道你们都没有孩子吗？你们没看到我的孩子整条胳膊都烧伤了吗？那个雪人竟然都没进去救她！它怎么可能做一个合格的看护者呢？！

——雪人进去害怕融化掉，它在乎自己的生命，可是难道我的兔子宝宝的生命就不重要吗？难道它就不能牺牲自己吗？

——雪人的生命是我们给的，它就应该去救我的孩子。如果它进去了，即使没有救成我的孩子，也许我会觉得它是个英雄，可是我们现在看到的是，它是个懦夫……

有的支持雪人：

——如果雪人进去了，它被大火融化了，那谁来保护其他小兔子？

——要是拔掉雪人的鼻子，就没人陪我们一起玩了。

——但是兔子妈妈也有错，她不该把火炉放在离苏菲那么近的地方。

有的持中立态度：

——如果我站在雪人的角度，我会支持它，因为进到着火的房子里就会立刻融化；如果我站在苏菲妈妈的角度，她责怪雪人也没错，雪人没有尽到保护好苏菲的责任。

——如果我从雪人这边看，雪人进入到苏菲的房子会马上融化，它救不出苏菲；从兔子这边看，雪人已经承诺了要保护好苏菲，却没有做到。

……

对于这个表演环节的教育价值,教师的看法是:

我们对这个故事有了新的理解,或许我们也需要思考一下:选择雪人来照顾兔子宝宝,是不是最好的选择?让它去照顾兔子宝宝前我们应该教它些什么?我们通过嵌入式的教育戏剧体验,引发孩子们思考故事背后的世界。我们走出故事,看到孩子们不仅站在雪人的角度,也站在了兔子妈妈的角度去理解他们每一人的想法,他们不仅仅是剧中的角色,也创造了他们自身的价值观,发展了同理心。

如果从"倾听"的角度看,这一表演的价值,还在于为孩子们倾听多元声音敞开了大门,让各种不同立场发出的声音汇聚于课堂舞台上,成为训练学生在倾听中捕捉、辨析、提炼和利用的教学资源。

但是,这一价值的实现,不是自发和自动而来的,需要教师在学生表演之前,对在旁边作为观看者和倾听者的学生,提出具体明确的倾听要求:

不同声音背后有什么差异?

为什么会有这种差异?

不同声音各自的道理何在?

如果换做是你,该怎么办?

这就促使表演者转换角色,进行换位表达、换位倾听和换位思考。

3. 教会表演中的"倾听方法"

要让学生掌握的"倾听方法",是"表演中"或"与表演有关"的"听法"与"演法"。

一方面,这是"他人在表演时"的"听法",即"我该如何听?"

具体包括：

他人表演时，如何在"专注"中听？

他人表演时，如何在"理解"中听？

他人表演时，如何在"评判"中听？

他人表演时，如何在"比较"中听？

他人表演时，如何在"动笔"中听？

例如，"比较"。表演中的比较，是指通过倾听，将自己的表演与他人的表演进行比较。

《雪孩子》中，同样是表演"雪人的着急与痛苦"，同样在"家族会议辩论"中表演"苏菲妈妈"，我与他的表演有何不同？

尤其是角色换位后的比较：

他是如何表演的？我又是如何表演的？

他的哪些表演，值得我学习、模仿和借鉴？

我的哪些表演，是区别于进而超越于他的？我是否可以为他的表演提供改进建议？

再如，"动笔"。作为足球迷，那位"最特殊的一个"，葡萄牙人穆里尼奥，一直是我心仪的教练之一。最打动我的不是他的"辉煌战绩"，而是他的职业态度和精神——是一个天生的记录狂，他的教练生涯，开启于通过观察和倾听比赛场面，了解比赛过程的种种细节，进行详尽到"令人发指"的记录……这是穆里尼奥成功的秘诀之一。

同样，教会学生观察和倾听他人的表演，也需要指导学生如何通过"动笔"，细致记录他人表演时的神态、动作、表情，特别是语言表达。这些都可以转化为学生模仿、借鉴的基础——观看他人表演的过程，既是倾听的过程，也是学生之间相互模仿，进而回到自我表演的过程，它们构成了"表演—倾听—模仿—表演"的独特回环。这是只有通过教育戏剧表演，才能形成的自我训练途径，才可能学到的"倾听之术"。

另一方面，这是站在旁观者、旁听者角度设想的"演法"，即设想：要让别人听到、听懂、听明白，"我该如何表演"？

"我该如何表演，才能吸引、打动、说服他人"？

具体包括：

如何"表演"，才能唤醒别人的倾听兴趣和倾听意愿？

如何"表演"，才能带动他人与自己更好地沟通与合作？

如何"表演"，才能引发他人的想象和创造？

如何"表演"，才能激发别人的"同理心"？

……

其中的种种方法，都与学生的"表达能力"，尤其是"语言能力"有关。教师指导学生把"台词"读好、悟好和背好的同时，还需要指导学生进行语言表达意义上的揣摩比较：如果这样说话，别人听不明白，如果那样说话，别人就听明白了；如果这样表达，别人可能没有感觉，如果那样表达，就更能打动和吸引别人……

4. 引导表演中的"倾听评价"

无论是"他评"，还是"自评"，教师都需要提醒并引导学生，不断回到最初共同生成的"好的倾听"与"好的表演"的标准中去，以此标准为眼光和尺度，进行自我反思和他向评价。教师对学生的评价语言，切忌抽象、笼统、含糊，越具体、越有针对性越好，具体到每个角色的特性及相应的表达，具体到倾听的方式、方法，具体到语言表达的遣词造句……同时，教师还需要"对学生的评价进行评价"，包括学生评价他人表演与倾听的视角、语言方式等。

第五辑　大时代的倾听之维

技术时代的倾听之路

没有人会否认，今天我们所处的"信息时代"，是技术革命造就的时代。从来没有哪个时代的人类日常生活，像今天这样，如此为技术所影响、所形塑、所渗透……想想网络和人类的关系，看看智能手机与日常生活的关系，一切都一目了然——我们已经难以想象，没有网络的生活，更不可想象，没有手机的生活……

网络、手机之类的技术存在，都是一些最简单的技术，还有机器人、量子计算、DNA编辑重组等更为"高大上"、"高精尖"的技术，它们未来如何改变并影响人类生活，更是无法想象……

或许是受到大哲海德格尔的影响，我过去一直怀有对"技术"的嘲弄、批评甚至恐惧。海德格尔有关技术时代、图像时代之于人性戕害的警语，已经沉淀于我的内心深处。

当年，人们纷纷换笔，把铅笔、钢笔置换为计算机之时，我是不屑一顾，因而拒斥的。没有想到的是，今日之我，已经离不开电脑，几乎完全抛掷了传统的纸和笔，我现有的电脑打字速度常常超过思维的速度，手头的笔记本电脑真的成为"笔记"本了。

之所以发生这样的自我改变，除了工具性的原因（电脑打字的速度与效率,确实远胜于手写)之外,也因为我对技术与人文的关系有了新的认识。

有个德国哲学家拒绝使用电灯。晚上风把蜡烛吹滚到地上,他趴在地上找蜡烛,妻子把灯打开,他发现其实蜡烛就在他脚边。他捡起蜡烛说:啊,原来灯光有如此妙用,它帮助我找到了烛光。如果把灯光看作技术之光,把烛光看作传统人文之光的话,技术之光的发展能够帮助我们维持人文之光。

技术之光与人文之光不是非此即彼、二元对立的关系,而是互补共生的关系。

然而,在我心底,依然残存着对"技术"的疑虑和不信任。尽管我日趋感知到自己在逐渐成为时代的落伍者,与信息时代那些"鲜肉级"的"原住民"相比,我已逐步退化为信息技术的"移民",甚至"难民"。但"难民"有自己的理智和悲观。例如,我总是不理解,"果粉"们为何时常顶着寒风,裹着羽绒衣甚至棉被,通宵排队,大门一开,疯了似的往前冲……就为了以最快速度、以最高价格买到最新一代的苹果手机。我越来越感知到,在互联网中成长起来的这一代,与我们这一代的不同,不只是因为他们从小就是泡在电视机和网络里长大,越来越少地购买阅读纸质书,而转向电子书,或者干脆不读书,只通过视频和图像来感知世界、认识世界……

技术时代带给我们这一代最大的变化,是整个"人"的形象和内涵的变化,涌现出了所谓的"技术人"。他们的基本特征,是普遍患有"技术依赖症"或"技术依恋症",甚至"技术狂热症"。技术狂热症者是技术依赖病的重症患者。

特征之一:追求实用,轻视高深的思想和优雅高贵的灵魂。他只对技术感兴趣，在他眼里，一切皆为技术，一切问题都可以都应该通过技术化来解决。技术狂热的具体表现，是对操作性技术的无休止的热衷。患有此症之人，对任何有深度、抽象的理论皆嗤之以鼻，弃之不顾，转而反复地请求和追问：如何操作？请给我操作的技术！

特征之二：喜新厌旧。他对任何新的技术都趋之若鹜，在保持对新的东西嗅觉敏锐的同时，对旧的技术却反应迟钝或者弃之不顾。因此，技术人是轻视传统的人，技术世界是一个不尊重传统的世界。在这个世界里，只有过时的没用的技术，没有所谓"传统的依然有价值"的技术。

特征之三：思维清晰却肤浅狭隘。他不懈地钻研技术，但钻之弥深，思之弥浅。由于其思想和生活的重心全部都围绕着技术，当他孜孜不倦地精研技术时，仿佛是在挖掘一口技术之井，在越挖越深的同时，也使自己陷进去了，看不到井外的世界，即人的博大世界，最后成了井底之蛙。

这些有关技术人特征的描述，或多或少带有极端性，不能完全指代、替代新一代人类的全部特性，但至少可以构成一种警醒，很多时候，适度的悲观比盲目的乐观更有意义，"悲以润慧"是人类不变的真理。

当我们倡导理解时代精神、倾听并呼应时代精神的同时，还需要对时代的限度和弊端保持清醒，并在自己身上克服所处时代的局限。

如果以倾听之眼，观照这个新技术汹涌澎湃的时代，可以发现，这是一个声音日趋多元开放，因而喷涌而出的时代，博客、微博、微信等最大限度地为普罗大众提供了制造声音、发出声音的平台，因而变成了一个前所未有的"自媒体"的时代。

问题在于：信息技术为多元声音敞开更为广阔的大门，因而可供倾听的声音主体、声音资源或者声音对象愈发丰富的同时，人类的倾听能力是否也与日俱增？人与人的倾听，是愈加敏锐和开放，还是愈加迟钝和封闭？

这并不是一个可以轻易回答的问题。如果抛开科学严谨的实证研究，只凭日常生活体验，我的感受并不乐观……

过去的世界，一家人，或者更多人，聚拢在收音机旁，或者站在大喇叭前，屏息静气，共同聆听并分享遥远世界里传来的珍贵信息，这叫"共享"或"同在"。今日世界，地铁中，火车里，公交车上，很多人塞着耳机，独自沉溺于手机里的声音世界……这叫"隔离"或"独在"——当耳机塞入耳廓，身外世界就此远离，耳机里的声音，就是全部的倾听世界。这是一种声音对另一种声音、一个世界对另一个世界的隔离，甚至隔绝。

过去的世界，传来各种灾难、受难的悲苦之声、不平之事，因为声音传递的媒介少，速度慢，具有"珍稀性"，进而产生"好奇性"，一旦传来，总会产生巨大且持久的波澜，让人久久回味，沉思良久。今日的世界，地球上的任何一点风吹草动，都会迅疾在全球扩散，引爆舆论的潮水。在快捷的同时，讯息也以几何数加速度增添，每日都让听众置身于信息轰炸之中，且不断处在"以新盖旧"的高速循环之中……久而久之，就生发出了"疲惫"、"麻木"、"漠然"，我们的耳朵变成了疲惫之耳、麻木之耳、漠然之耳……最糟糕的结局，是变成了"冷酷之耳"。这是否就是村上春树所言的"世界尽头与冷酷仙境"的开启？

如何克服这个时代带来的倾听局限？技术时代如何贴近倾听、促进倾听和提升倾听？

面对这样的时代性目标，教育何为？教师何为？

起点在于价值观的重塑。包括：什么是理想新人？什么是理想的好技术？什么是理想的好课堂？

"理想新人"与"培养目标"有关。这是将"倾听"转化为教育尺度、教育目标。技术时代培养的人，有清晰强烈的倾听意识、倾听能力和倾听习惯，并善于将倾听与技术的创造及使用相结合。这种技术时代的"理想新人"，善于应对时代带给人的"倾听挑战"，他时刻对这样的危险保持清醒：自身为纷至沓来、纷繁复杂的声音泥石流所吞没或湮没……他拥有这样的本领：每天周遭世界如此多的声音汹涌而来的时候，他知晓如何选择，如何辨析，如何捕捉，如何提炼，如何吸收和转化。

理想的好技术，内含了"倾听对于技术的召唤"。理想的教育技术，根本目标和最大价值，是具有并不断产生"可能性"，不是技术更新的可能性，而是"倾听的可能性"，为人的倾听对象、倾听能力的发展提供更多的可能性。所谓教育技术的"发展"，就是为人的倾听能力的成长，提供了"新的可能性"。最好的教育技术，不是强制人、限制人的倾听，而是向人的倾听成长开放的技术——打开倾听之门，在技术的运用中满足学生的倾听需要，激发学生的倾听活力，是在虚拟课堂讨论中，仍能维持一种苏格拉底式的教学法精髓的技术。换而言之，是以师生倾听、生生倾听为精髓的教育技术。这样的技术，才是贴近人性，而不是远离人性的技术，才是贴近倾听、促进倾听和提升倾听的技术。

关键在于课堂教学中，技术如何打开，而不是闭锁了倾听之门。

我多次目睹过这样的课堂：教师制作了精美的课件，随着教学过程的推进，牵引着学生步步前行，但时常出现的场景是，当一张内含了问题的 PPT 呈现出来的时候，教师鼓励学生展开讨论，提出答案，但学生却沉默不语……

原因在于，他们知道，答案就在下一张 PPT 里……

这样的教学技术，无论多么精密、精妙或者精美，都不是好的技术。因为它无形中限制了学生的倾听与思维，封闭了通向各种倾听可能性的通道，没有激发并满足学生言说、表达和倾听的需要，只是在被动等待中"自动"进入课前已经制作好的"标准答案"，从而陷入了"穿新鞋，走老路"的怪圈。

通过技术打开倾听之门，需要确立的教学原则是：

尽可能为敞开、容纳和创制多元声音，创造技术条件；尽可能为不同声音之间的彼此倾听、回应和对话，创造技术条件。

"敞开"和"容纳"不难理解,"创制"则意味着这样的技术平台,不只是已有声音(包括观点、视角、方法等可能性的答案)的展示平台,也是新的声音的创作平台。学生不仅是原有声音的倾听者、分享者、学习者,更是新的声音的生成者、制造者和发布者。当我们声称"教学就是即席创作"的时候,是表明,学生在课堂上即席创作属于自己的声音,从而把自己变成课堂上的"创客"、教与学互动过程中的"创客",还有倾听过程中的"倾听创客",创造性地倾听他人的声音……技术应当为促使学生变成这样的"声音创客"、"倾听创客",作出只有"技术"才能有的"贡献"。

"不同声音之间的彼此倾听、回应和对话",意味着倾听视野下的理想的技术平台,是一种互动式、对话式平台,实质是一种"交互倾听"式平台:让不同的声音在交互倾听中碰撞、交融、整合、生成……课堂的丰富由此产生:不单是声音来源、特性、渠道的丰富性,更是声音之间倾听的丰富性、互动的丰富性、对话的丰富性和交融的丰富性。好的教育技术,是能够实现这些丰富性的技术。

当我们如此把技术与倾听联结起来,自然彰显出了如下预设:

技术不只是工具、手段、方法,不只是硬件,也不只是硬件和软件的结合,技术背后也不仅是思想、观念,技术所蕴含的全部的丰富性,都是在表明:技术的创新及使用,为今天教育生活中的倾听,为人的倾听能力的培养与发展,铺设了新的路标,打开了一条道路。在倾听的意义上,新的技术,就是新的倾听道路,新的倾听路标……

图像时代，倾听何为

我认识的一位韩国教授，家里从来没有电视机，也几乎不看电视，除了韩日世界杯期间，去酒吧里看直播……当时，我理解为"专心做学问"……

不知什么时候，我很少看电视了，除了偶尔扫扫体育新闻……自我解读为"工作太忙"。

同样是不看电视，原因却迥异：在他那里，是主动选择，在我这里，是被动放弃。

有人发表过针对"电视"的评论，似乎是对韩国教授坚决不买电视机的一个注脚：

一个知识分子戒电视，应该像戒烟一样，要有决心和毅力。利用它来消遣，长了会变得肤浅、烦躁。因为生活的色彩离电视上的花花绿绿的色彩相距甚远，你转过脸再看生活就会不耐烦，会发火。电视画面闪动得也快，还有光的刺激，使你无力边看边好好思想。长了，你会放弃思想。……脑子没有让名著滋养过的，大半是很粗糙的脑子，改变世界用不上，用上了就对世界有害。有时你看到生活给搞得一团糟，主要原因就是过分地使用了没读过名著的脑子。这样的脑子一般而言不可信，不可靠。

还有更加客观、系统和理性的研究，如纽约大学文化与传播教授波兹曼在《童年的消逝》这本经典之作中的研究表明，电视的出现，对于"童年"概念及儿童成长有负面影响。在他看来，电视所提供的图像诉诸感性，它不能提供儿童成熟需要的理性。与印刷文字相比，图画图像是认知上的退化。印刷文字要求读者积极主动地对内容有所反应，一张图画则只要求看画的人有美感反应，它诉诸我们的是感性而非理性，它要求我们去感觉，而非去思考。电视提供了一种相当原始又难以拒绝的选择，它取代了印刷文学里的线性逻辑，而且让整个文明教育的严谨性变得无关紧要。

波兹曼更重要的发现在于，电视模糊了成人与儿童的界限：电视导致成人儿童化。童年概念与成人概念同时存在。当代成人概念绝大部分是印刷媒介造就的。几乎所有跟成人世界有关的特性，都与识字文化有关，如自制能力、延迟性满足的包容力、复杂的抽象思考能力、关注历史与未来的能力、注重理性和秩序的能力等。他认为，电视文化说到底是一个以图像和说故事为主的文化。当电视媒介将识字能力推移到文化的边缘，并取代它的文化中心地位时，一个崭新的儿童化的成人概念出现了。在电视时代，人类总共有三个发展阶段：一端是婴儿期，另一端是老年期，中间是成人儿童期，定义是在知识、情感能力发展上尚未完成的成人。

电视如此，电影亦然。作为影迷的我，无论多忙，仍然隔三差五就去影院看大片、小片、艺术片……目的不是为了研究和欣赏，而是自我放松、自我愉悦。我不可能一边看电影，一边做"严肃的思考"，发表鞭辟入里的影评，我只需让自己沉浸其中，只需感知，无需思考。但看着看着，感知到自己身上发生的微妙变化：尽管如今的电影，特效越来越高明，色彩越来越绚丽，音乐越来越动听，但能够打动我的镜头和画面却越来越少，我对电影画面和音乐的感知力越来越钝化了。更糟糕的是，回到现实，一切都显得那么粗糙、粗陋、粗鄙……

油然想起一位画家对当今一种现象的评论：

孩子们总盯着发光的屏幕，屏幕上是绚烂的色彩，等他转过脸来看自然山水的时候，自然山水没有那么绚烂，不够那么亮，秋天不够黄，冬天不够雪白，春天不够粉绿。他再去看中国老祖宗的传统绘画的时候，永远进入不了《富春山居图》的意境！

无论是电视，还是电影，或是如今网络中随处可见的各种视频，都是由图像构成的世界，今天的人类，已经悄然间从"文字时代"进入到了"图像时代"。它带来的结果之一是：

我们越来越满足于到此一游的记录方式，满足于通过图像认识事物。以至于到了天安门才认为到了北京，必须看到《英雄》里面那种金黄色的叶子才是秋天。我们的感知越来越图像化了。图像成为我们认识万物的尺度，进而成为引导甚至主宰我们思想的一种尺度，这就是我所说的世界图像化。

站在教育的立场上看，图像成为今日之人，特别是儿童一代精神滋养的主要来源。从出生开始，他们的精神世界就为各种图像所包围和浸染，各种视觉刺激此起彼伏，观看图像既是他们的阅读习惯，也已经成为他们人生的内在需要。但随之而来的问题出现了：

如果他们越来越满足于图像的表象，越来越满足于所谓的视觉盛宴，越来越满足于视觉给他们的感官刺激，真正内在的东西，如何让他们用心灵去感触？

更关键的问题是，当图像成为这一代儿童的精神需要、精神习惯和精神资源之时，图像必然塑造了他们的生命，进而成为"图像时代"诞生的"图像人"：

他们或者长久地围聚在电视机旁，沉醉于动画片、电视明星之中，或者手捧色彩鲜艳的卡通书，手不释卷，或者终日沉浸在电脑游戏创造的图像世界里不能自已……图像人有着明显的"图像依赖症"，习惯于图像化故事化的叙事方式，只有图像才能焕发他们的活力，但思维浅薄，对深刻性的思想兴趣淡漠。当然，他们也不将思想深刻作为追求目标，那样会让他们觉得活得"太累"了。他们对文字阅读的兴趣减弱，尤其是对抽象的文字唯恐避之不及，他们只习惯于文字与图画式的结合，对文字和文字之美的敏感减弱。他们缺少足够的兴趣，更没有足够的耐心阅读那些经典著作，包括文学经典。即使就他们最擅长的图像而言，他们的审美感知层次也往往处于低层次的粗浅状态，只会阅读和理解卡通书、电视、流行报纸、时尚杂志上的图像，对古典绘画和现代派绘画既难以欣赏，也没有多少兴趣。在对图像的阅读过程中，他们的注意力也总是被引向视觉、听觉等可以直接感知的图像细节之上，处在东停一处、西游一地的漫游状态。容易陷于图像视觉的低处徘徊，难以升高鸟瞰，建立起整体的观感。在图像面前，他们的思考止步不前，或浅尝辄止。图像一消失，思路就关闭，既不能步步推进，深入图像的内部，也无力将不同的事物联系起来，摸索它们背后的隐秘关联。

这样的图像人总是追求实用，追求通俗易懂、易记忆的图像，他们的消费需求是快餐式的图像消费，图像的乐趣取代了文字的乐趣、思维的乐趣，因此，他们本能地排斥艺术、科学和形而上学的思考。长此以往，造成他们的精神味蕾的迟钝化、单一化和粗浅化。显然，对这些"图像人"而言，是"图像"而不是"文字"重组或建构了他们的生存方式，包括思维方式、行为方式，乃至世界观和人生观。图像世界和图像化本身因此成为他们赖以生存与发展的基本环境。

以往对图像时代和图像人的讨论，主要是基于文字与图像的对比和参照展开的，是以"文字时代"看"图像时代"。如果转而以"倾听"的眼光，审视"图像时代"，则会生发出新的议题，核心是"倾听与图像的关系"。

图像与倾听的关系，不是图像与文字的关系，而是视觉与听觉的关系。

图像时代对于人类倾听，特别是对于教育倾听的影响，利弊兼有。

在有利的意义上，图像的参与和介入，有助于刺激学生的倾听兴趣，而图像与声音的配合，又可以激发学生的学习兴趣，尤其是已经养成了图像依赖的学生，有图像参与的学习和没有图像参与的学习，有很大的不同，有图像至少可以引发学生更加专注地倾听与回应。

但图像的弊端也显而易见，过多的图像，特别是绚丽多姿的图像，可能会挤压学生的倾听空间，忙于"看"，但忽略了"听"，导致"看得太多"，"听得太少"，以至于最终"看"替代了"听"。长此以往，学生的倾听能力有可能逐步退化……

不过，这只是问题的一个方面：作为视觉的图像，如何影响了作为听觉的倾听？

还有问题的另一个方面，我称之为"反向思考"：

作为听觉的倾听，如何能够影响视觉？如何通过学生倾听能力的培养，弥补图像时代的弊端，尤其是弥补"图像人"的短板？

关键在于在视觉里渗透、介入听觉的要素，实现"视觉的听觉化"。

视觉"听觉化"的操作路径，至少有三。

路径一：听觉的多元化介入。

"多元化"，既是指对同一个图像的出现、想象和表达，要有多元的声音,让不同的学生都发出自己的声音,并彼此倾听对方的声音——"图像面前人人平等",避免变成明星学生的"独唱",也指从多元智能的角度,创设兼容视觉-空间智能与音乐-听觉智能,促使视觉、听觉交融共生的教学环境。相对而言,图像视觉(如绘画)是空间的艺术,通过线条和色彩诉诸人们的视觉感官,以"状物"取胜,表现事物的造型。音乐听觉则是时间的艺术,通过旋律、节奏等诉诸人们的听觉感官,长于"描情",表达并直接诉诸人的心灵世界。图像视觉与音乐视觉存在相互渗透、感通的无限可能,激起"诗情"和"画意"的审美通感效应。而在音乐的审美通感中,听觉与视觉的相互通感是最为活跃的,这种通感交融的实质是动与静的结合:图像表现的是光的静止状态,音乐却能表现出光的流动与变化。动静结合的结果是:音乐在影像中穿梭,视觉与听觉通感交融。

路径二:听觉、视觉通感的媒介化介入。

音乐与影像的相互穿梭,视觉与听觉的通感交融,不是凭空实现的,需要有相应的媒介来实现。例如"文字",它的职责是联结并沟通视觉与听觉,扩展想象和联想的空间。

作为言语的主要表现形式,文字之所以成为勾连视觉与听觉,图像与音乐的媒介,是因为它既有图像性,也有音乐性。尤其是对于汉字而言,是典型的"象形文字"代表,其图像特征异常鲜明,同时,汉字又有自身的节奏和韵律。所谓"节奏",是指通常按照一定的条理、秩序,重复、连续地排列,形成一种律动形式。它有等距离的连续,也有渐变、大小、长短、明暗、形状、高低等的排列构成。

如果说音乐靠节拍体现节奏、舞蹈凭借肢体体现节奏,文字(典型代表是"诗歌")则通过长短、顿挫、停顿、回旋形成节奏。汉字汉语之美,既有图像之美,更有节奏之美,因而兼容了视觉与听觉。

小学汉语语文名师肖绍国,倡导"诗画语文与言语节奏之约",尝试"用文字来演奏音乐",以汉字为媒介,以汉字的节奏感为依托,打通了视觉与听觉的通道。

在《冬阳·童年·骆驼队》的课堂上,他带着学生缓缓把握林海音的语言节奏,唤醒孩子对童年的回忆,在课堂上慢慢地抒写,慢慢地浸润。在"学咀嚼"这个典型的慢镜头中,将语言的节奏感体验到极致……

师:(课件出示:"我站在骆驼的面前,看它们咀嚼的样子……自己的牙齿也动起来。")这段话中哪一个字,境界、味道全在其中?

生:"呆"。

师:这一"呆"就真的了不得了,这一"呆",就将我们的眼前的镜头放慢了,拉长了,定格了。慢镜头就需要我们看得特别真切,看得特别生动。让我们一起来看,闭上眼睛:"我站在骆驼的面前,看它们咀嚼的样子:那样丑的脸……"睁开眼,你看到一张怎样的骆驼的脸?

师:继续,闭上眼睛:"我站在骆驼的面前,看它们咀嚼的样子:……那样长的牙……"睁开眼,你看到一副怎样的骆驼牙?

师:继续闭眼:"我站在骆驼的面前,看它们咀嚼的样子:……那样安静的态度……"睁开眼,你看到骆驼一种怎样的态度?

师:请同学们把眼睛继续闭上,伴随着老师的描述让我们在脑海中尽情想象(音乐《禅思组曲》响起):你瞧,骆驼队来了,停在我家门前。它们排列成一长串,沉默地站着,等候人们的安排。拉骆驼的说,他们从门头沟来,他们和骆驼,是一步一步走来的。我站在骆驼的面前,看它们咀嚼的样子……睁开眼,看大屏幕……(课件播放《城南旧事》英子学咀嚼的片段,学生发出会心的笑声。)

以上教学的"意蕴"丰厚:在带着学生回味语言悠长的节奏感的同时,引入视频,将电影《城南旧事》中英子学咀嚼的片段植入课堂,问孩子们——电影的节奏和文字的结构吻合吗?答案自然涌出:"完全吻合。"

由此带来的是：作为视觉载体的视频与作为听觉载体的文字的同构共生，促成了语言的节奏、电影的节奏、音乐的节奏全然合一……

与此同时，我们依然不能忘记：在成人的意义上，文字的育人价值，尤其是思维意义上的价值，是对图像和音乐的有效弥补，更是对前述"图像人"弊端的纠正。

路径三：听觉的互动化介入。

我在《图像时代的教育论纲》中提出过通过强化"互动"，鼓励学生深度参与，体现学生"主体性"的策略。现在看来，之于如何处理倾听与图像关系的应对策略，同样不无启发：

这里的"互动"，不仅是指师生之间、学生之间，即人与人之间的互动，还指人与图像之间的互动。其主要形式就是让学生更多地参与到图像的产生、使用、理解和解释之中。

教师对图像的选择和使用，应尽可能使图像成为麦克卢汉所言的"冷媒介"，即所含信息较少，或不够清晰，不够确定，更多地需要受众填补的媒介。对图像的填补、理解和思考的过程，就是学生主动参与的过程。在图像面前，学生就能够从被动的观察者转变成主动的思考者。这样，使用图像、对图像进行填补和参与的过程，就成为将学生建构为主体的过程。

例如，教师给学生提供的简单的画像，如连环漫画，它要求作为读者的学生解释每一个符号（每一个面部表情、动作、想法、语言的运用等），并且将对人类行为和动机的理解带入漫画之中。连环画的轮廓是由学生来添满的，漫画中没有对话，但可以在想象中创造对话来解释动作。教师的任务，就是让学生通过观察、想象去理解和描述，补充那些未能展开的细节，展示出多种可能性，并鼓励学生之间发生争论。又如，教师在利用录像机时，可以采用多种方式促使学生进行主动学习。教师可以充分利用暂停、倒转和重播等功能的优势，而不是把一盘带子从头放到尾。这时候可以为学生提供讨论的机会，鼓励学生描述已经看到的，同时猜测稍后将会看到的内容和可能的结局。

这样的参与也包括学生亲手制作各种图像，如学生可以制作多媒体的报告，或结合剪辑的影片片段、幻灯片、照片和其他的图解方式来制作一份完全视觉化的报告。通过这些图像化的制作，使学生的学习因此成为一个综合运用不同类型的知识与媒介来解决问题的过程。

通过这些方式，图像避免了陷于浅薄、瞬间即逝、无思和客体化的命运，成为一种学生深度介入的方式。

对于"倾听与图像关系"的处理而言，这一实践路径有三大关键词可以借鉴并转化：

一是"互动"。创造学生与图像、音乐的互动条件，"文字"依然是一种基本的互动媒介。

二是"冷媒介"。课堂上展现给学生的视频、音乐等一切可供学生倾听的载体，都应具有让学生充分"填补"、"补白"的时间与空间，留下拓展延伸的可能性，而且是逐步丰富逐步清晰的可能性。

三是"参与"。这是"互动"和"冷媒介"共享的核心理念：千方百计让学生参与到视觉与听觉的互动之中——以倾听拓展图像的意义，以图像实现倾听的价值。

这里的价值，就是"育人价值"。这既是审视图像时代，也是透析图像与倾听关系的教育尺度与教育眼光。

慕课时代，如何倾听

慕课（MOOC），是 massive open online course 的英文首字母缩写的中文音译，意思是"大规模在线开放课程"。其中：

第一个字母"M"代表 massive（大规模）。与传统课程只有几十个或几百个学生不同，一门 MOOC 课程动辄上万人。

第二个字母"O"代表 open（开放）。以兴趣为导向，凡是想学习的，都可以进来学，不分国籍，只需一个邮箱，即可注册参与。

第三个字母"O"代表 online（在线）。学习在网上完成，无须旅行，不受时空限制。

第四个字母"C"代表 course。就是"课程"的意思。

以教学模式为依据，现有的慕课划分为 xMOOC、cMOOC 及 tMOOC 三种类型。

xMOOC 是网络远程教学课程。以行为主义理论为基础，学生通过观看网络教学视频、在线练习、测评等完成学习。

cMOOC 是专题研讨。基于建构主义理论，通过社交软件，固定时间内探讨一个或几个专题，共同分享思想碰撞，以完成知识建构。

tMOOC 是基于完成任务的学习方式。学生通过软件工具编写故事、作品，然后在网上提交。

慕课是技术时代的产物，尤其是互联网技术普及后结出的硕果之一，并且逐渐成为技术时代教育变革中的"新趋势"和"新常识"。

有人称慕课是"印刷术发明以来最大的教育革新"；

有人认为，慕课带来的是一场超时空的变革，是"继班级授课制以后最大的一次革命"；

有人宣称"不接受大规模开放在线课程（慕课）就是死"；

……

慕课之所以赢得如此大规模、高规格的重视，在于它预示着一个新的教育时代的来临，即"慕课时代"，它俨然成了新的时代精神、教育精神的一部分……自2012年慕课出现以来，有关慕课的研究与实践已经"浩如烟海"、"蔚为大观"……

今天的教育研究者与实践者，不能不有所了解，有所行动。

我对慕课时代的呼应与卷入、视角和重心，依然在于"倾听"：

（1）进入慕课时代，如何倾听？

（2）慕课是否在倾听的意义上，也引发了一场革命，即"倾听革命"？

（3）慕课有利于或者促进了倾听，还是阻碍、制约、限制了倾听？

总体来看，慕课时代具有四大"倾听优势"。

其一，慕课时代最大限度地创造了可以共享的"倾听资源"。

慕课如此迅疾地成为世界性的风潮，首先是因为它的"开放"、"共享"。慕课的开放在于，打破了学校之间的壁垒，拆除了横亘千年的围墙：学校之间的围墙、师生之间的围墙、教师之间的围墙、学生之间的围墙……各种优质教学资源，从某一所学校、某一家图书馆、某一间教室、某一位老师的"狭窄"之地，得以释放或解放出来，变成更多学校、更多师生可以共听、共享的资源……"博览群书"的场所，已经不再拘泥于图书馆、书斋或教室，而是拓展到全球范围内的任何一个场所。这里的

"博"，不再仅仅是"学科之博"、"知识之博"、"视角之博"、"方法之博"，而是"场所之博"、"空间之博"。"博览群书"之"博"的内涵与外延，都得到了前所未有的拓展与延伸，成为真正的"博"，"博览群书"由此变成了"博览群源"、"博听群源"。人类的耳朵前所未有地得以敞开，面向一个更为广大的倾听世界……从来没有如此丰富、多元和优质的"声音"，在如此短的时间、如此广大的空间里喷涌而出……

其二，慕课时代最大限度地保障了学生"自由倾听"的权利。

课堂中的开放，常常是从教学组织形式的改变开始的。传统课堂要求学生必须以固定、制度化的方式，选择"某一所学校"、"某一位老师"和"某一间教室"，这种选择是一种"封闭性的选择"，由此产生了"封闭性的倾听"：在哪里听、在何时听、听谁的、如何听，都是封闭的。

慕课的出现，赋予学生更多的自由选择：只要具备上网条件，学生可以在任何时间、任何地方选择名校、名师。全球各地的学员，只需要一台电脑、一根网线即可实现，学生得以自主选择在哪里听、在何时听、听谁的、如何听……

通过慕课，学生的"倾听权"有了保障，得以充分实现。

其三，慕课时代最大限度地满足了学生的个性化倾听需求。

"个性化"的相对面是"普遍化"、"泛化"。在网络教育或网络学习最初兴起的时代里，以"机械化"、"流水线式"的授课为主要的教学模式，它几乎完全忽略了学习者的文化背景、知识水平、个体需求，来自于"具体的学生"的"具体的声音"被覆盖和被淹没，造成新技术背景下的"千人一面"、"万人一声"。

慕课时代的到来，克服了这一缺陷：

一方面，慕课要使用自动化的网上学习与评估系统给予学习者及时的回应，便于每个学习者根据自己的知识水平和接受程度自主选择学习内容、设定学习进度,真正实现教学个性化;另一方面,在学习过程中,教师与学习者要及时进行思想交流、问题探讨与解惑,凸显对人类情感的重视和尊重。情感教育是教育不可缺少的部分,师生以及生生之间的道德、价值观都会在交流互动中相互影响,其会贯穿整个教学过程,是教学效果的重要影响因素。

在倾听的意义上,这意味着,慕课为学生创造了"个性化倾听"与"个性化回应"的机会,满足了学生的"个性化需求"。

人的个性化,来自于个性化的需求,来自于个性化需求提出和满足的方式。所谓"个性化需求",实质就是"个性化倾听与被倾听的需求",也是"个性化回应与被回应的需求"。

慕课满足个性化倾听与回应需求的途径,是设置"进阶作业"和"小测验":

学生在慕课平台上完成的主客观作业,教师收集信息后,通过大数据的分析,把学生存在的问题反馈到实体课堂上。有大数据和云平台的支撑,教师可以轻松地看出每个学生在某个知识单元停留了多长时间,在哪里停留,反复回看了几遍,回答对了几题……也知道学生在哪方面学习有困难,并及时给予有针对性的反馈和指导,从而真正实现个性化教学。因此,我们无须担心学生自主学习能力薄弱、自控力差这些问题。通过技术手段,无论是家长还是教师,都可以随时了解学生的学习状况。

其四,慕课时代最大限度地增强了倾听的互动性。

最初产生于高等教育的慕课,运用线上、线下技术,线上提供标准化课程,使学生掌握基本知识,线下组织引导讨论,使教学方式中的填鸭式、授课式、划一式,向参与式、咨询式、多样式转变,学生可随时提问,并得到老师答复,同时同学之间的互动交流也是即时的,从而形成了教与学、学与学的网络式互动格局。

在基础教育阶段,情况类似:

慕课的核心概念是"微视频、小测验、在线互动",这也是其广受中小学学习者欢迎的理由:容易获得,容易学懂。与以往动辄四五十分钟、学生被动观看、教师单向视频输出,没有激励机制、没有互动交流的传统在线课程不同,慕课平台上都是"微课",一般持续时间在10分钟左右,甚至更短,正是中小学生注意力集中的时段。慕课借助游戏里的通关设置,在课程与课程之间设置了许多进阶式小问题、小测验,学生只有全部答对才能继续听课。学生如果有疑问,也可以在平台上直接提出,无论是同步还是异步,最终会有来自于教师或学习伙伴的解答。

慕课充分提升了师生互动、生生互动的频度与频次,从而使师生关系更为密切:

多项研究表明,翻转课堂提升了师生交流的质量和频率,80%的学生认为慕课和翻转课堂模式让师生、生生之间有了更密切、更积极的关系;90%的教师认为师生关系有了积极的改善。

许多教师反映,相对于传统模式,在慕课主导下的翻转课堂模式下,教师有更多时间和学生进行一对一的深入指导和交流,教师更加了解学生,师生谈话更具有针对性,师生交往更有意义,生生间的交流互动也更多。因而,在慕课教学过程中,师生关系得以改善。

典型个案,如加拿大教师多莉,其实施慕课与翻转课堂的最初动因就是,不想失去原来和学生密切而又友好的关系。她说:

目前，我有机会和每个学生（班级内有30个学生）进行更有意义的谈话。互动交流更多，交谈更具意义，氛围更加积极，师生关系更加友好。以往我也想这样做，但是我没有时间。

促成师生关系亲密的根本原因，在于慕课强化了师生之间的互动。所有的互动，都是以互动双方的"倾听与回应"为前提和基础的。

慕课时代在为师生创造高频度、高频次相互倾听机会的同时，也对师生的倾听意识、倾听习惯和倾听能力提出了新的挑战。

对学生的挑战是：面对突如其来涌现出的如此多的倾听对象、倾听资源，如何在丰富但又复杂的声音资源里，学会辨析、选择、提炼、利用和生成？如何避免无所适从，以致为多元多样的声音所吞没，反而丧失了自我？

对教师的挑战则是双重的：既要帮助学生应对慕课时代的倾听挑战，培养其慕课语境内的倾听能力，也要改变原先以自我为中心的倾听习惯，转向基于学生立场的新的倾听习惯，进而提升自我的倾听能力。

这两重挑战都涉及到了一个教师难以回避的核心问题：

如何探索慕课时代，促进、提升学生倾听能力的路径与策略？

我认为有三大路径：

路径一：通过"教学设计"，促进慕课时代的倾听。

从目标设计的角度看，基于倾听的慕课教学目标设计，遵循并服务于三个原则：

一是为"理想的慕课"而设计。

在一般的意义上，理想的慕课学习应该具备的特征是：

——学生积极主动地学习（与教学内容的互动，以及师生间的交流互动），学习气氛会更加浓厚；学生能够自我管理（决定怎么学习、看多少资料、是否做作业、是否参与讨论等）；（对于不同人的观点）学生有一颗包容的心，有谦卑的学习态度。

——教师能换位思考学生在网上学习的过程（因为学生之间是有差异的，不同的学生会呈现不同的学习状态）；将教学内容化整为零，同时还帮助学生将碎片知识系统化；比面授教学准备更多更丰富的练习活动。

理想的慕课学习，需要"理想的倾听"。它要求：

学生具有倾听的兴趣、习惯和能力。善于积极主动地倾听并回应教师和学习伙伴，尽可能包容多元的声音，包括多元的价值观、多元的视角、多元的方法，并作出自己的辨析、选择和判断。

教师需要基于学生立场，于换位思考中进行换位倾听，并善于通过倾听和恰当的回应，编织来自于学生的精彩资源、错误资源、另类资源和差异资源。

理想的倾听，需要理想的倾听者，这意味着教师在目标设计中，需要把"促进慕课学习中的倾听"作为教学目标之一，培养并提升学生基于慕课学习的倾听意识、倾听习惯和倾听能力，实现"为倾听而教"、"为倾听而学"。

二是为"解决慕课教学中出现的常见问题"而设计。

已有的慕课实践暴露出了如下问题：

现行的慕课更多调整的是教师讲课的时间和地点，并没有改变接受性学习的本质。同时在实施中由于对慕课各要素的认识不同，时常出现学习效果的缺失。

最典型的问题有三个：

高入学率和高辍学率（学生最开始报名参加学习很积极，在随后的学习中学生流失的现象就比较突出，最终学习完成通过率较低）；

互动交流"敷衍了事"（交流互助中，学生常以非常简单的回复敷衍交流，比如是或不是，好或很好或非常好等）；

完成作业（或学习视频）不诚信（学生会通过网络、手机交流作业答案或查找答案，观看教学视频常出现人在心不在、有时人也不在的"挂视频"现象）。

在倾听的意义上，至少"互动交流'敷衍了事'"、"挂视频"等，与"倾听缺失"直接相关。前者与"倾听能力"有关，后者则触及到"倾听伦理"。

基于倾听的慕课教学设计，需要指向于这些常见问题的解决。

三是精确定位慕课的核心要素。

要成就理想的慕课，并解决慕课教学中的常见问题，基于倾听的慕课教学设计，需要回到慕课的核心要素，即"学习资源"、"作业提交及评价"、"交流互动"等，并将"倾听"渗透其中：让"学习资源"中有"倾听"，"作业提交及评价"中有"倾听"，"交流互动"中有"倾听"。从而以"面向倾听"、"通过倾听"、"促进倾听"为路径、方式和策略，走向"理想的慕课"。

"学习资源"中有"倾听"。它涉及到铺天盖地的学习资源铺面而来的时候，面对内含其中的如此多的声音，学生如何专注地听，有选择、有辨析、有提炼地听。

"作业提交及评价"中有"倾听"。无论是"判断题"、"选择题"、"填空题"，还是"开放作业"，时时处处都有"倾听"弥漫其中。

例如开放作业，包含了学生如何对倾听而来的各种信息，进行组织、重整、解释、论证、推理，以及评价——目前在慕课平台上的开放作业，都是采用同伴互评的方式进行评阅的。通过开放作业,可以培养学生良好的倾听习惯,提升学生的倾听质量。

"交流互动"中有"倾听"。慕课学习中的交流互动,是检验、培养学生倾听能力,进而保证学生学习质量的重要途径之一。

慕课平台的讨论区功能是在模仿传统教室环境中师生、生生之间面对面的交流。讨论区将各种想法、信息、资料在这里汇集,让学生通过讨论明白认识局限性,从而产生求知欲。师生在讨论、分析的基础上,产生新的认识。网上讨论常会遇到很多困难,比如跑题、不当言论等,如何确保学习中的有效讨论?我们做了如下交流设计。

一是制定讨论区的交流规则。从慕课学习第一天开始就向学生说明本课程交流的规则,包括论坛中鼓励和不鼓励的行为,网上交流礼仪,不在课程讨论区讨论与课程无关的话题等要求。网上交流礼仪的要求,看似与慕课具体内容的学习无关,实则是交流活动有序开展的基本保障,可以以公约的形式告知。公约要明确国家相关的网络言论禁令的详细内容,对学生发帖"不要使用侮辱或攻击性语言,不要拿别人的作品或学习能力开玩笑,愿意和其他同学分享自己的经验,注意遵守学术诚信准则,不抄袭别人的观点,引用他人观点时需要注明出处"等都要作出明确要求。

二是设计开放话题。教师需要结合课程目标和学生特点,在讨论区设置适合的开放思考题,引导学生参与讨论。可让学生评估学习过程,如提出"这段视频主要讲的什么?你能用自己的话解释某个概念吗?"等开放问题。可启发学生从另一角度思考问题,如提出"视频中的问题还有其他解决方案吗?"可让学生对自己的结论给出证明或作出解释,如提出"你是根据视频中的什么内容得出你的结论的?"可启发学生将信息知识系统化,如提出"根据视频中提供的信息,你可以用图表将它们组织在一起吗?"等问题。对学生回答"是或不是"时,一定要进行追问。如,问学生为什么要这样回答,让学生说出理由或举个例子。只有形式多样,既有开放性问题又有封闭性问题,才能让学生快速找到参与讨论的切口。

三是要激励学生互动交流。激励学生参与交流,我们的蒲公英大学应该说做得很出色,通过"开展'自我介绍'活动、教师参与互动引导、对优秀发帖者进行激励"等形式,很好地激励大家参与到学习的深化过程中。在"自我介绍"中,我们还通过设计学生录制自我介绍小视频、在线创建"四格漫画"描绘自己、在线投票、绘制文字云来介绍自己、创建有趣的头像或涂鸦来表达自己的个性或兴趣等活动,快速将学生引入互动交流中。

如上三大"交流设计",是有助于激发学生相互倾听、相互回应的"倾听设计"。有效交流、有效讨论,都建立在"有效倾听"和"有效回应"的基础之上。

基于倾听的慕课教学设计,无论是目标设计、方法设计,还是过程设计,无论是学习活动的线上设计,还是线下设计,都围绕着一个理念展开:为学生创造多元倾听—回应的载体或平台,以慕课的方式,把倾听的时间、空间和权利还给学生。

线上设计,包括利用好微信、QQ等交流平台,还可以用专门论坛或一些公益学习平台自带的论坛等,来构建互动交流平台。

线下设计,则有"绘制思维导图"、"绘制概念图"、"制作类比图"、"用文字云表达观点"、"制作小报"等。

路径二:通过"教学过程",促进慕课时代的倾听。

以公益的学习平台"一起作业"为例,有利于促进学生倾听的慕课教学过程,可以采用如下教学环节。

环节一:有向开放。

教师在课前或课中将开放性的学习任务、学习资源,"有向性"地推

送给学生。我在总结"新基础教育"语文教学的过程逻辑时,对有向开放中的"有向",进行过如下思考:

有向需要心向。其一,教师心中要有学生,开放中内含的指向是学生,这是有向开放的前提,无此心就难以开放,无此心就不是真正的开放。为此,教师把学生作为教学的重要资源。教学过程就是教师围绕教学目标,通过开放将学生身上的资源释放出来的过程,就是激发、捕捉、利用、组织学生各种性质的资源,并使其成为促进学生发展资源的过程。其二,教师不仅要给学生留出充分自主活动的空间,更重要的是要在开放过程中有目的有指向地培养学生主动、健康发展的意识和能力,使学生有一颗生命自觉之心。这是"心向"之"向"另一根本要义。在形成"心向"的过程中,教师要尽量避免控制意识和替代意识。

有向需要定向。定向的对象有三:其一,教学内容定向,围绕着所呈现的文本,教师要确定此文本到底要教什么,有何独特的育人价值。其二,学生状态定向。根据这一文本,要确定学生理解、转化和占有这一文本的可能性,包括可能遭遇到的困难、障碍和存在的差异。要确定具体的难点、障碍点和发展点。其三,目标定向。依据对教学内容和学生状态的定向,形成合理的目标定向。

有向需要返向。返回到学生已有的"原始性资源",即学生已有的一切语文学习经验及其自身全部的丰富性,以及"基础性资源",即学生对学习语文的态度和能力,与文本相关的知识、课前预习或收集所得的资源。教师可以通过让学生回忆以往学过的古诗、听过的故事和学过的课文等形式实现返向。返回是为了向前,是为了调动已有的基础,使其成为向前的动力。教师不仅要自己对学生的两大资源了然于胸,而且还要让学生自己明白:过去所学过的文本,对今天这个新文本的学习有什么意义?奠定了何种基础?填补了什么样的空白?

有向需要调向。教师在教学过程中，要善于利用和捕捉两大学生资源：其一，"生成性资源"，即在多层次多方向多领域的互动过程中，学生在课堂上体现出的各种状态和行为，进入、理解和占有文本的语言意义与精神内涵的不同程度、不同角度、不同思路、不同体悟、不同方法乃至由此提出的不同问题或得出的不同答案，甚至是错误等，这些资源可能构成教学过程的即时重组。其二，"方案性资源"，学生对随后进行的教学过程提出新的想法和方案，与此相关的言说和行为，可能会促使教师修改教学方案，调整教学程序、步骤、方法，甚至调整教学目标。

有向需要多向。要尽可能多地向多数学生开放，而不是只向少数明星学生开放，此为"多"向之多的第一义；要有多种多样的教学组织形式，采用多向多次多节点的互动形式，此为"多"的第二义；要鼓励学生多种角度、多个层次、多种方法地进入文本，体悟文本，占有文本，获得多种感悟、多种答案，此为"多"义的第三义；要充分利用学生在教学过程中体现出的诸多差异，把差异转化为教学过程中的"互动性资源"，有差异才可能形成"互动"，有基于差异的互动，才可能有"生成"，此为"多"义的第四义。

有向需要指向。教师需要为学生的自主学习提示方向：当学生观念模糊的时候，帮助其明确；当学生认识抽象的时候，帮助其具体；当学生思维点状的时候，帮助其形成结构；当学生有具体的问题和障碍的时候，解决其解决问题，跨越障碍。要实现有指向的开放，要求教师在教学过程中的每一次开放，如小组交流和反馈预习情况，学生自主朗读课文、批注课文和小组讨论等，都要尽可能给学生提出明确具体的要求。

有向需要走向。这是相对于返向而言的。不仅是向学生原先已有的基础开放，还要向学生的发展和未来开放。通过开放，明确学生发展的轨迹方向，明确其进一步提升需要解决的问题。这就要求教学过程中的各次开放之间，要尽可能形成衔接、递进和螺旋式提升的关系，使本次开放既是前一次开放的提升，又是下一次开放的孕伏和基础……应把教学过程中开放的过程，变成学生形成清晰的发展轨迹和提升的过程，变成走向更高层次的孕伏过程。要避免学生在开放状态下只是在同一个平面和层次中打转的常见现象。

现在看来，这样的有向开放，同样适用于慕课教学。它要求教师把慕课教学中的倾听，变成面向学生、基于学生的开放式的"有向倾听"。

环节二：交互倾听。

在收到教师推送的学习任务、学习资源时，学生根据要求，通过倾听捕捉、提取、利用资源进行自主学习。平台上提供的学习资源往往会按学生知识建构规律，分为"预习"、"巩固"、"拓展"等分层自主学习内容。学生完成了自主学习的内容之后，通过技术手段将学习过程中生成的资源及学习成效，与教师、同伴进行"交互倾听"和"交互反馈"。对于教师而言，这个交互反馈的过程，就是交互倾听与回应的过程，其内核就是对学生学习情况和思维过程的了解，为此，可以通过增加"上传解答过程照片"的要求来达到这一目的。同时，现有的慕课技术平台已经能够做到：

在作业过程中，学生自学的效果被初次提取，学习过程被全部记录，如果作业有错，系统会自动推送解题的方法与过程，让学生更详细学习。

教师通过管理后台，可以迅速看到学生学习情况，并及时作出反馈，如"及时激励"。

对于学生的学习情况在课堂上还需要一次前测，以甄别之前的自主学习的有效性。教师通过推送针对性练习，让学生在课堂实现"二次提取"。教师当场根据学生的真实反馈进行集中讲解或个别化指导。课堂上可以通过平台随机抽取学生交流学习情况，也可以设计小组学习活动。根据学生在学习活动中的不同表现，教师可以当场用"金豆"进行激励。而家长通过手机，可以实时了解学生完成作业情况和获得的奖励。这就形成了教师、学生、家长统合的学生发展共同体。

"及时反馈、激励"的手段，还包括"作业积分奖励"、"奖品中心实物兑换"、"专属荣誉证书勋章"等。

环节三：集聚生成。

基于师生、生生之间交互倾听、交互反馈的结果，教师对从中生成的资源，包括"原始性资源"、"基础性资源"、"生成性资源"、"方案性资源"等进行归纳、整合，作为后续学习资源选择、重组和推送，后续教学目标及方法再调整、再设计、再落实的基础。

教师集聚生成的主要载体和方式：

一是"课堂板书"。有教师以历史课的慕课教学为例：

在微课中，板书不宜太多，也不宜太少，要真正起到对内容要点的提示作用。部分板书可以提前准备到纸板上，以挂图的形式在授课的过程中展示在恰当的位置，这样可以节省时间。通常的历史课板书可采用提纲式、结构式或线索式，有时也可用动态式的思维导图。

二是"课后小结"。

小结是微课必不可少的环节，一般用两三分钟时间对一节课的教学进行归纳或概括，使课堂结构趋于完整。微课的小结，不在于长而在于精，在注重总结内容的同时，更应注重总结学科方法。具体表现就是干脆利落、简洁明了，且要有逻辑性。如小结《民主革命的先行者———孙中山》，可以概括为四句话：他是中国民主革命的先行者；他是中国移风易俗的倡导者；他是中国政治民主化的推进者；他是亚洲第一个共和国的缔造者。

然而，小结不应只是教师的权利和任务，也可以把小结或总结的权利还给学生，让学生进行自我小结，这个小结的过程蕴含了丰富的倾听过程，既需要倾听他人（老师和同学），也包括倾听自我，并因此对学生构成了一种倾听挑战：如何在尽可能短的时间里，通过倾听他人和倾听自我，作出简洁明晰的小结？

路径三：通过"教学评价"，促进慕课时代的倾听。

慕课教学中的评价，关键在于开展"同伴互评"：

同伴互评是指学生互相批改作业，进而相互学习。

一是教师要设计好评价量规。一般量规至少具有三个要素：评价准则（任务表现、行为或作品质量的各个指标）、等级标准（说明学生的学业表现处于什么样的水平）、具体说明（描述评价准则在质量上从差到好的序列，在每个等级水平上的具体表现是什么样的）。好的评价量规能明确具体地阐述教学要求，不同的"评价者"依据这个标准对同一个作业进行判分，应该得出同样的判断；评价量规要与作业同时布置给学生，以便学生了解教学要求；学生能够自觉以评价量规为指导完成作业；评价者能够遵照评分标准分析作业，认真给出具体的、有针对性的评语；学生根据评语对照评分标准修改完善自己的作业。例如，在语文课中，教师为了锻炼学生的批判思维和表达技巧而给出论述之类的题目，题目没有明确的对错之分。在这种情况下，同伴评价就显得更具优势。评价量规能指导学生们对彼此的作品进行评价，需要教师根据课程特点制定涉及到写作规范、切题、说服力等几方面的作业评价量规。

二是尝试评价。可以先开展自我评价让学生比对评分标准自查，明白哪里做得好、哪里做得不好，有方向地改进自身的作业。自评在某些时候可加强学生的满足感和成就感，从而促进其更好地学习。教师还可以设计学生"练习打分"阶段，通过提供一些打分样例，帮助学生更好地熟悉评分标准，体验给同伴打分的过程。

三是学生互评。可以采用先线下同伴互评，然后再在线互评。在这个过程中，提交作业的一方得到了他人对自己作业的评分和具体看法，如优缺点或改进意见；批改作业的一方在批改的过程中学习了他人完成作业的做法和成果，如观点、所引用的资料等。对他人作业进行的批复，往往是建立在自身的知识基础和理解上，因此，在批改的过程中，也就间接地完成了个人对已有知识的总结、迁移和外显，这也是一种学习方式。正如学习金字塔理论中谈到的，学生在训练他人、得到他人帮助或与他人合作的时候，会促进知识的建构甚至重塑，带来更有效的学习，同伴互评对于双方来说都是有意义的学习活动。

生生之间相互评价的过程，是相互倾听、相互回应的过程，学生的倾听意识、倾听习惯与倾听能力，就在此过程中逐步生成和发展。

参考文献

著作：

[1][美]波兹曼.童年的消逝[M].吴燕莛,译.桂林:广西师范大学出版社,2004.

[2][德]底特利希·本纳.普通教育学:教育思想和行动基本结构的系统的和问题史的引论[M].彭正梅,等,译.上海:华东师范大学出版社,2006.

[3][美]达克沃斯."多多益善"——倾听学习者解释[M].张华,等,译.北京:高等教育出版社,2004.

[4][美]大卫·M·列文.倾听着的自我[M].程志民,等,译.西安:陕西人民教育出版社,1997.

[5][德]马丁·布伯.人与人[M].张健,等,译.北京:作家出版社,1992.

[6][加]马克斯·范梅南.教学机智——教育智慧的意蕴[M].李树英,译.北京:教育科学出版社,2001.

[7]蔡汀,等.苏霍姆林斯基选集(五卷本)[M].北京:教育科学出版社,2001.

[8]耿幼壮.倾听[M].北京:北京大学出版社,2013.

[9]程敏.共和国战神实录[M].北京:团结出版社,1993.

[10]陈玉坤,田爱丽.慕课与翻转课堂导论[M].上海:华东师范大学出版社,2014.

[11]李国宇.倾听的力量[M].北京:中国纺织出版社,2007.

[12]汤敏.慕课革命:互联网如何变革教育?[M].北京:中信出版社,2015.

[13]杨伯峻.论语译注[M].北京:中华书局,1980.

[14]朱熹.四书章句集注[M].北京:中华书局,2011.

[15][日]佐藤学.静悄悄的革命[M].李季湄,译.长春:长春出版社,2003.

期刊：

[1]爱莉诺·达克沃斯,刘万海,张华.课堂中的批判性探究[J].全球教育展望,2007(11):3-10.

[2]曹莉.20世纪以来教师倾听研究的回顾与反思[J].教育理论与实践,2010(3):26-28.

［3］陈光全，刘文卫.课堂中的倾听文化［J］.湖北教育（教育教学），2012（8）：50-51.

［4］成尚荣.倾听，教育的另一种言说［J］.人民教育，2004（24）：8-9.

［5］高铁峰.表达从倾听开始——浅谈通过学习倾听培养学生的表达能力［J］.教育革新，2012（4）：60-61.

［6］黄伟娇.学生倾听能力的培养方法［J］.文学教育（下），2010（4）：60-61.

［7］侯敏.注重培养学生的倾听能力［J］.新课程学习（上），2012（5）：115.

［8］侯月琴.浅谈学生倾听能力的培养［J］.小学青年教师，2005（4）：30.

［9］荆荣琴.学生课堂倾听能力现状、反思及对策［J］.教育科研论坛，2006（7）：60.

［10］伽达默尔，潘德荣.论倾听［J］.安徽师范大学学报（人文社会科学版），2001（1）：1-4.

［11］姜勇，和震."注视"与"倾听"——对当代两种教育研究范式的思考［J］.北京大学教育评论，2004（3）：35-39.

［12］李政涛.倾听着的教育——论教师对学生的倾听［J］.教育理论与实践，2001（7）：1-4.

［13］李政涛.图像时代的教育论纲［J］.教育理论与实践，2004（8）：1-4.

［14］刘瑞东.倾听——一种新的教学资源［J］.教书育人，2007（25）：35-36.

［15］刘铁芳.论"说"的教育［J］.教育理论与实践，2001（10）：1-4.

［16］刘哲.倾听能力培养的三个步骤［J］.中小学教师培训，2006（5）：53.

［17］罗秋明.倾听的教育价值的实现［J］.教育评论，2004（3）：30-33.

［18］倪天卓.浅析幼儿园倾听式教育模式［J］.辽宁师专学报（社会科学版），2012（1）：96-97.

［19］尚明冬，朱群萍.让学生学会倾听［J］.教学月刊（小学版），2007（6）：8-9.

［20］吴卫东.在语文教学中培养学生倾听能力的实践探索［J］.教育实践与研究（B），2011（12）：13-14.

［21］肖成夏.课堂教学中如何培养学生的倾听能力［J］.广西教育，2009（19）：51.

［22］熊素华.学生倾听能力培养策略［J］.科学咨询（教育科研），2009（8）：15.

［23］杨钦芬.教学即倾听：意蕴与可能［J］.教育理论与实践，2008（35）：49-51.

［24］颜敏."倾听教育"视野下的教学活动探微［J］.中国教育学刊，2011（2）：51-54.

［25］袁文娟.教师要学会倾听［J］.现代教育科学（中学教师），2010（6）：33-34.

［26］张光陆.对话教学中的教师倾听［J］.全球教育展望，2011（10）：17-21.

［27］张华.对话教学：涵义与价值［J］.全球教育展望，2008（6）：7-16.

［28］张建卫.构建倾听文化［J］.中国青年研究，1999（1）：8-9.

[29]周杰.课堂教学中教师倾听意识的回归[J].全球教育展望,2011(3):49-53.

[30]邹诗鹏."倾听":哲学生存论的意义阐释与反省[J].江海学刊,1997(3):59-65.

硕博士论文:

[1]曹莉.幼儿园教育活动中教师倾听的价值与特点研究[D].东北师范大学,2006.

[2]邓春雪.倾听与理解:藏族学生教育需求[D].西南师范大学,2003.

[3]罗秋明."言说"与"倾听"的教育价值研究[D].湖南师范大学,2003.

[4]鲜兰."倾听"与"言说":课堂教学中的教育价值研究[D].华中师范大学,2009.

未刊稿:

[1]李伟平,张勇卫.从倾听走向建构.

[2]金东旭.在课堂教学观摩现场倾听生命拔节的声音.

[3]王雯.老师要善于"倾听".

[4]严青.倾听花开的声音.

[5]周敏艳.倾听学生的心灵.

后记：倾听之后，必有回响

与我已成的大多数书一样，《倾听着的教育》也浸润了自身生命的情感与体温。除此之外，还多了些记忆，既有"教育记忆"，还有"生命记忆"。

我对"教育"最深的理解与感知，不是来自于教育学的课堂，也不是来自于书本，而是来自于家庭生活。

2016年暑假，我回到江西老家，与之前不同，此次返乡之旅肩负一个重要使命——给母亲做"深度访谈"。这是看了《巨流河》《梅子青时》等之后萌发的想法。

我母亲的家族有着非同一般的"革命史"。她的祖父曾经跟朱德一起上了井冈山，二祖父一家被国民党活埋，她的大伯父从地主家里死里逃生后，加入了红军……解放后担任过广州军区司令员……她的父亲，也就是我的外公，深夜逃脱了抓壮丁，加入解放军，后来参加抗美援朝，牺牲在上甘岭……

她自己的人生，同样是一个传奇。幼童时期，妈妈改嫁，离开家门时，对她恶语相向，此后对她不闻不问，视同于抛弃，令她陷于孤苦伶仃的境地，留下了刻骨铭心且绵延终身的精神痼疾……之后的某一天，还在上小学的她，在一次乡村的扭秧歌表演上，被一位日后成为轰炸机飞行员的男人一眼看中，随即上门提亲，她躲在房里拒不相见……这个男人，就是我的父亲——祖传三代，贫下中农……

此后她跟随大伯父，辗转于南京、汕头，从南京师大附中考入汕头医学院，因身体原因，多次莫名昏厥，不得已放弃大学学业，终于走入军营，成为军嫂和部队小学里的语文老师……

我是怀着前所未有的急迫之心赶回大余的。自从母亲的身体屡经磨难，不可逆转地日渐衰微、虚弱之后，我对她的访谈，不仅是对她个人的"生命记忆"，也是对她的"家族记忆"的抢救性挖掘。我相信，这些碎片化的记忆，同时也是"时代记忆"、"中国记忆"的一部分，它是20世纪中国历史的缩影，理所当然地拥有"微言大义"。我深知，那个时代的空阔与丰盛，微渺如我之人，只能取一勺而饮之，仅此一勺，已然感受到它的丰沛醇厚，既有刺痛的创伤，也有温暖的情怀。

母亲的絮叨之语，值得轻轻摩挲，不期然间触摸出了坚硬而厚实的质感。那些掩藏于岁月肌理中的枝蔓，有着累累的裂痕，但长年被弃置于晦暗之处，了无痕迹，成为有关历史的藏匿。

我的任务呼之欲出：通过倾听，触摸它们，打开它们，敞亮

后记：倾听之后，必有回响

它们……

　　我之所以如此急迫地寻觅倾听母亲生命史的机会，还存有另外一个原因，源于内心一种隐秘的担忧甚至恐惧，我的爷爷、伯父和父亲到了晚年，无一例外地逐渐失去了听力。我有理由相信，这样的遗传密码，在我的生命中同样拥有。虽然这可能还是遥远的以后……更深层次的原因，还在于这样的担忧与日俱增：由于时间的淘洗与消磨，种种世俗之事，日常生活的诸多纠结，让我越来越失去倾听的激情与动力。这个世界已经不缺故事，不缺书籍、电影、电视，更不缺图像时代蜂拥而来的诸多视频、照片，它们异常精美、精致、精细，带来太多的惊异、惊奇和惊悚，我们的感官已经被刺激得愈来愈麻木，还有多少人与事能够打动我们的心灵？即使偶尔为之的打动，也常常是稍纵即逝……

　　这样的时代，带给我个人最强烈的生命体验，是各种精神的硬壳、硬茧在一层层积累，把生命包裹得愈发密实和厚实，对世间事物，可能越来越漠然、茫然，最后一律变成了默然。这是一种死寂般的默然：无力倾听，更无力回响。

　　对于母亲的生命记忆、家族记忆，我的使命不只是"倾听"，还在于"回响"，或神情、或语态、或文字……这是对母亲过往岁月的生命之声的回响，通过回响，在铺展并见证了这个人生命年历的同时，也见证了我与母亲在家族历史意义上的牢不可破的血脉关系。也正是借助了我的倾听与回响，她的人生增添了新的意蕴和内涵。

　　倾听之后，必有回响，回响之后，必有灵魂的悸动与增生。

回望我的过往岁月，常常被人诟病的症结之一，是我在人际交往中，时有对他人声音的疏漏和遗失，怠慢和轻慢，常有"听而不闻""熟听无闻"，还有倾听之后的回响缺失，回响乏力，回响错位……

回想我的教育学生涯，倾听与回响，逐渐成为我的教育思考的主旋律之一。

我坚信，教育的世界，源于一个倾听与回响交织的世界。没有倾听的教育，不成其为教育，无回响的教育，也难言是真正的教育，或所谓"成功的教育"。

我无法想象一个没有倾听或不倾听的教育，也难以想象只有倾听，但没有回应的教育。

教育的目的之一，是培养既有倾听能力，也有回响能力的人，这是我心目中的理想之人，是具有人性光辉和内在力量的人。

心灵是否辽阔与广大，在于倾听的范围与能力，听什么，如何听，听到什么程度，塑造了一个人的精神世界，决定了灵魂的宽度与广度，深度与高度。提升自我倾听能力的过程，也是拓展自身精神边界和灵魂疆域的过程。

与倾听相关的是回响，对世界倾听，对他人倾听之后，是否有回响，以及如何回响，影响到了一个人精神生活的状态与品质。教育是有回响的，回响的方式与特性，影响到了教育的品性。好教育，是有回响的教育，回响之声越清澈，越绵长，越有力量，越是好教育。教育，不仅要培养人的倾听能力，同时，还要培育人的回响的能力。

倾听与回响都与价值观有关，必然都涉及到"选择"，对听什么，不听什么的选择，对什么有所回响，什么不予回响的选择。

无论什么样的选择，都赋予了倾听与回响的一种独特的功能：拆除人心中的城墙。通过倾听与回响，我逐次拆卸了当年青春叛逆期自我构筑的与母亲之间的城墙，凭借倾听与回响，更多横亘在师生之间的城墙，也得以拆除和崩解……

所有的倾听与回响，都会回到自我，都是对自我的倾听、对自我的回响，因而最终成为对自我的确认与重铸——我听故我在。

在这个意义上，与其说，《倾听着的教育》是对他人倾听与回响的召唤与吁求，不如说，是对自我倾听与回响之后的再一次劝勉与告诫。

此世，我的确无法成为长袖善舞之人，至少可以成为水滴石穿的存在，用柔韧的精神，温和但坚定的气度，化解时光的残酷，洞贯时世的外壳；至少可以把自己变成"一盏寒夜中的灯"：

以最持久的热情与心力去照亮前程，同时也要以最大的温柔来包容随时可能而来的终结，与其在黑暗中追寻着远处的光亮，瑟瑟发抖地等着天亮，不如就做盏长明的夜灯。一盏灯也许无法带来破晓，但自己生命所及的方寸之地，终归是被照亮了。

无论是研究，还是思考，或者写作，其实都是一种"照亮"——如此富含趣味与意义的工作，我真心喜欢。通过一次次微小、短暂因而简短的"照亮"，得以在时光的罅隙中渐渐认清自己："兼济天下"的宏愿终难得偿，"独善其身"或许也是奢侈……微小以至于微茫之我，可以做到的，是默默穿行于四季，敞开耳朵，倾听这个广大的世界，如同我在《四季》中所写：

我们平凡地穿着夏天的衣裳，
用渡船平静地运送春天，
它用记忆保存记忆，
频繁地踱步，只为岸上的风景。

在纪念冬日的船上，
阅读着过分安闲的秋天，
迟疑与真诚并存，
寂静与寂静交汇。

在这眉清目秀的午后，
从身旁走出一个严肃的教授，
他抬头望云，谨小慎微，
终于瞥见了激动的绸衫。

清风掠过了蜿蜒的旅途，

后记：倾听之后，必有回响

虽然依旧举目无亲，
但不懈的冥想与凝视，
让清瘦的目光凝固了热烈的流水。

一个英雄除却繁文缛节，
动身于千里之外，
专心寻觅古色古香的建筑，
它被四季浸染，被简朴的书籍包围。

如我这样的"书生教授"，所能做的是对这个时代的倾听与回响……无论听出的是华美与明亮，还是丑陋与阴暗，或者听到了诸多碎裂和破解的喧哗，都总应该包容，并为之感恩……

为此，我写下了以《暮色》为题的诗句：

在暮色辽阔的日子行走，
灯一盏一盏地亮起，
一个轮回唤醒了另一个轮回，
忧郁的钟声散发出蓝色的光芒。

从一场蒙蒙细雨开始的倾诉，
数算着绿色的时光，
此刻，谁在山谷里呼喊，
谁就拥有了倾听回响的权利。

天性瘦削的人在黎明上路，
他不关心气候、饮食和衣衫，
只是在意自己的孤独，
能否被未来的岁月珍藏。

《倾听着的教育》，是我长年在暮色中行走、倾听之后有所回响的产物。现在，我的生命回响已经转化为新的声音，通过此书的出版，它的声音已经发出了，此刻，我的耳朵已经张开，朝向寥廓的世界，回响在哪里？——回响在那里……

无论倾听，还是回响，都会迎来自己的归宿。人、自然、宇宙，都是有归宿的存在，哪怕是一粒灰尘，也是如此。

尘埃不是总有落定的时候，它时常在漫天飞舞，永不止歇，只为找到属于自己的归宿。

我亦然……

2017年除夕夜
记于桂林漓江源著

图书在版编目（CIP）数据

倾听着的教育/李政涛著.—上海：华东师范大学出版社，2017
ISBN 978-7-5675-6551-7

Ⅰ.①倾... Ⅱ.①李... Ⅲ.①教育研究 Ⅳ.① G40-03

中国版本图书馆 CIP 数据核字（2017）第 120438 号

大夏书系·教育常识

倾听着的教育

著　　者	李政涛
策划编辑	李永梅
审读编辑	卢凤保
封面设计	奇文云海·设计顾问

出版发行	华东师范大学出版社
社　　址	上海市中山北路 3663 号　邮编 200062
网　　址	www.ecnupress.com.cn
电　　话	021－60821666　　行政传真 021－62572105
客服电话	021－62865537
邮购电话	021－62869887　　地址 上海市中山北路 3663 号华东师范大学校内先锋路口
网　　店	http://hdsdcbs.tmall.com

印　刷　者	北京季蜂印刷有限公司
开　　本	700×1000　16 开
插　　页	1
印　　张	14
字　　数	186 千字
版　　次	2017 年 7 月第一版
印　　次	2025 年 1 月第十四次
印　　数	38 101－39 100
书　　号	ISBN 978－7－5675－6551－7/G·10411
定　　价	42.00 元

出 版 人	王　焰

（如发现本版图书有印订质量问题，请寄回本社市场部调换或电话 021-62865537 联系）